Liebe Leserinnen, liebe Lese

W0387775

Für den renommierten Fotografen ***Udo Bernhart*** *war der Auftrag für diesen Bildatlas fast schon ein Heimspiel, pendelt er doch regelmäßig zwischen Frankfurt/Main und seiner alten Heimat Südtirol hin und her.*

Der Autor ***Stefan Spath*** *lebt zwar schon seit vielen Jahren in Wien, hat den Kontakt zu seiner Heimat Tirol aber nie abreißen lassen.*

Tirol ist ein Skisportland der Superlative. Un Nabel der Ski-Welt ist zweifellos Kitzbühel. Jedes Jahr im Januar kommen 100 000 Ski-Fans zum weltberühmten Hahnenkamm-Rennen mit den Disziplinen Abfahrt, Super-G, Slalom und der ganz wichtigen Disziplin: Après-Ski. Alles, was in Österreich und Bayern Rang und Namen hat, ist dabei. Orte wie Sölden und St. Anton gehören ebenfalls zu den Hotspots der Tiroler Winterfreuden, und überall wird für die etwa 5,9 Millionen Wintergäste alles immer schneller und komfortabler: Spektakuläre Seilbahnen, Aufzüge und Rolltreppen führen in rasantem Tempo zu den Einstiegsplattformen hinauf, Sitzheizungen sorgen für behagliche Wärme in Kuppel-Sesselliften. „Schneller, höher, weißer", das ist der Titel unseres DuMont Themas, in dem Sie alles Aktuelle zum Tiroler Skisport erfahren.

Still, grün, ursprünglich

Und auch der Sommer schmeckt in Tirol nach Adrenalin. Jedenfalls wenn man eine der Outdoor-Erlebniswelten wie AREA47 besucht – mehr dazu lesen Sie auf S. 94 ff. Was Tirol aber auch und immer noch bietet, ist eine stille, grüne Ursprünglichkeit. „Kommen Sie zu uns – wir haben nichts!", so wirbt Osttirol für sich, und hier findet man die Ruhe, die man vielleicht sucht, einzigartige Naturlandschaften und schlichte, schöne Unterkünfte. Und was würde gegen einen Urlaub in einem Almdorf sprechen, wo man ruhige Sommernachmittage auf einem Sonnenbalkon verbringt, in einem Buch schmökert oder dem Läuten der Kuhglocken und dem Plätschern eines Wildbachs lauscht?

Innsbruck ist „in"

Wer den Sommerurlaub aktiv gestalten möchte, plant eine Almwanderung durch herrliches Grün oder radelt im Karwendel oder durch Innsbruck – und bleibt am besten gleich für einige Tage dort, denn schließlich ist die Freizeitqualität der Stadt im Gebirge legendär. Neuerdings macht sich die Landeshauptstadt auch mit moderner Architektur einen Namen, die spektakulärsten Bauten finden Sie in der Rubrik „Unsere Favoriten" auf S. 78.

Herzlich

Ihre

Birgit Borowski

Birgit Borowski
Programmleiterin DuMont Bildatlas

29 Tiroler Rokoko … … war gestern. Inzwischen stößt sich manch einer an der „Verhüttelung" Tirols im Stil der pseudorustikalen Architektur. Doch es geht auch anders – besser.

Impressionen

Kaisergebirge

Karwendel & Zillertal

30 Schneller, höher, weißer – Tirol ist ein Skisportland der Superlative: Die modernsten Lifte der Welt, Skispaß an 365 Tagen im Jahr, Gourmetküche am Berg und vieles mehr bieten die über hundert Skigebiete.

57 Die Freizeitqualität von Innsbruck, der Landeshauptstadt im Gebirge, ist legendär. Neu ist hingegen, dass sich Innsbruck auch mit moderner Architektur einen Namen macht und in puncto Lebenslust gegenüber anderen österreichischen Städten aufholt.

Innsbruck

UNSERE FAVORITEN

Best of …

Außerfern & Arlberg

Oberland

Osttirol

Anhang

DuMont Aktiv

Genießen Erleben Erfahren

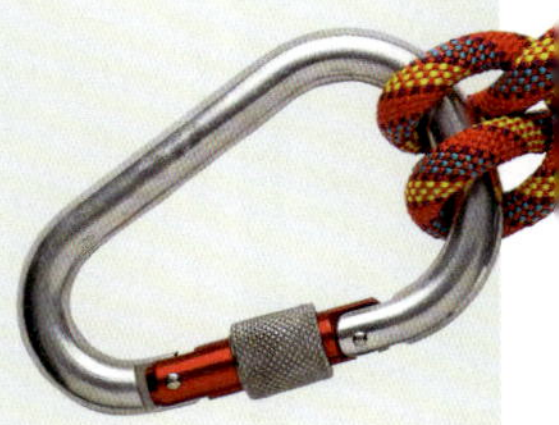

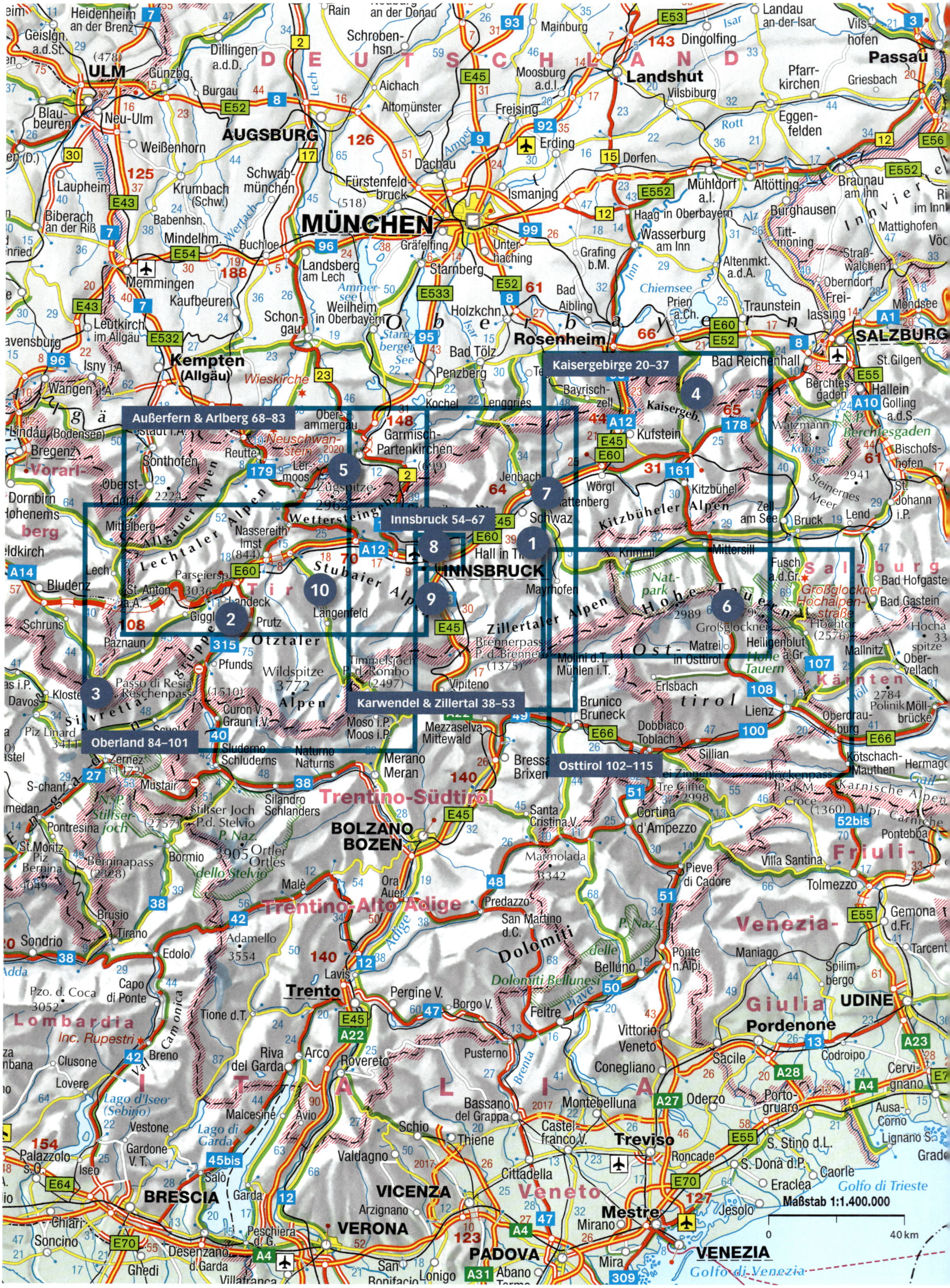

Kaisergebirge 20–37
Außerfern & Arlberg 68–83
Innsbruck 54–67
Karwendel & Zillertal 38–53
Oberland 84–101
Osttirol 102–115
1
2
3
4
5
6
7
8
9
10
D E U T S C H L A N D
MÜNCHEN
AUGSBURG
ULM
Landshut
Passau
SALZBURG
Rosenheim
Kempten (Allgäu)
INNSBRUCK
Garmisch-Partenkirchen
Kufstein
Kitzbühel
Lienz
BOLZANO BOZEN
Trento
Trentino-Südtirol
Trentino-Alto Adige
Venezia-Giulia
I T A L I A
VERONA
VICENZA
PADOVA
VENEZIA
Treviso
BRESCIA
UDINE
Pordenone
Maßstab 1:1.400.000
0
40 km

Topziele

Die bedeutendsten Sehenswürdigkeiten Tirols sowie Erlebnisse, die Sie keinesfalls versäumen dürfen, haben wir auf dieser Seite für Sie zusammengestellt. Auf den Infoseiten ist das jeweilige Highlight als **TOPZIEL** *gekennzeichnet.*

ERLEBEN

1 Swarovski Kristallwelten: Mit seinen Kristallwelten hat sich Swarovski in Wattens ein Denkmal gesetzt. **Seite 53**

2 Freilichtpark „Ötzidorf“: „Ötzis Welt“ – als der Steinzeitmann noch keine Eismumie war. **Seite 100**

3 Silvretta-Hochalpenstraße: Gleich an mehreren Punkten können Sie auf der Traumstraße der Alpen vergletscherte Dreitausender sehen. **Seite 101**

7

4

6

2

NATUR

4 Wilder Kaiser: Tirols vielleicht schönstes Gebirge ist im Süden wild, im Norden zahm. **Seite 35**

5 Zugspitze: Wenigstens einmal sollten Sie auf dem „Dach Deutschlands“ gestanden haben. **Seite 81**

6 Großglockner: Besonders majestätisch sieht der „König der Ostalpen“ vom Ködnitztal her aus. **Seite 113**

KULTUR

7 Schloss Tratzberg: Bei den Habsburgern zu Besuch: Schloss Tratzberg birgt Kunstschätze aus Gotik und Renaissance. Die Stuben von Kaiser Maximilian und den Fuggern versetzen die Besucher ins 16. und 17. Jahrhundert. **Seite 53**

8 Das Goldene Dachl: In der Innsbrucker Altstadt kann man an allen Ecken und Enden Entdeckungen machen – das Goldene Dachl aber ist die Hauptattraktion. **Seite 65**

9 Schloss Ambras: Das prächtige Renaissanceschloss südlich von Innsbruck beweist eindrucksvoll, dass sich zur Tiroler Bodenständigkeit auch Kunstsinn gesellt. **Seite 66**

10 Stiftskirche von Stams: In dem im Barock- und Rokokostil ausgestatteten Gotteshaus leuchten die bislang unrestaurierten Fresken und die mit Blattgold überzogenen Figuren am Hochaltar um die Wette. **Seite 99**

Panoramablicke garantiert: Auf dem Stubaier Höhenweg

8670 Höhenmeter in acht Tagen lassen sich auf dem Stubaier Höhenweg überwinden, einem der schönsten Höhenwanderwege Tirols. Trittsicherheit, Kondition, Schwindelfreiheit und die geeignete Ausrüstung sind Grundvoraussetzungen, um die Wanderung in der faszinierenden Bergwelt des Stubaitals zu einem rundum gelungenen Erlebnis zu machen. Begangen werden kann der Höhenweg in zwei Richtungen, Start- bzw. Endpunkt sind die Innsbrucker Hütte und die Starkenburger Hütte.

Tiroler Schatztruhe: Renaissanceschloss Ambras

Dass sich zur Tiroler Bodenständigkeit auch Kunstsinn gesellt, beweist das Renaissanceschloss Ambras südlich von Innsbruck. Die Kunstschätze der Rüst- und Wunderkammer sowie der verschwenderisch dekorierte Spanische Saal lassen eine Epoche lebendig werden, in der Tirol Schauplatz europäischer Politik war.

Skitour in den Kitzbüheler Alpen

Die Kitzbüheler Alpen sind im Sommer als Wandergebiet geschätzt, im Winter lädt der glitzernde Schnee zu Skitouren in die herrliche Bergwelt ein. Hier macht sich ein Skifahrer zu einer rasanten Abfahrt bereit.

Malerisches Innsbruck

Während im Hintergrund die Gebirgsketten des Karwendel eine imposante Kulisse bilden, reihen sich wie an einer Perlenschnur die bunten Häuserfassaden der Innzeile am Flussufer auf. Dahinter wartet eine zauberhafte Altstadt, in der das beachtenswerte architektonische Erbe den einstigen Reichtum der Stadt widerspiegelt. Diesen verdankt Innsbruck seiner seit jeher verkehrsgünstigen Lage an einem Knotenpunkt im Zentrum Europas.

Über den Wolken: Ellmauer Halt im Kaisergebirge

Gipfel zu stürmen hat Tradition in Tirol – nicht nur an der Ellmauer Halt, einer 2344 Meter hohen Spitze des Wilden Kaisers. Der gleichnamige Klettersteig gehört zu den schönsten im Wilden Kaiser. Zwar ist der Aufstieg vom Parkplatz Wochenbrunner Alm (1085 Meter) zur Gruttenhütte zunächst noch relativ unspektakulär, aber der Anstieg weiter hinauf zur Halt ist dann doch deutlich spannender, und der schöne Blick hinab ins Tal lohnt jede Anstrengung.

Tirols spektakulärste Aussichtskanzeln

Kühn wie ein Adler vom Gipfel späh'n

Atemberaubende Panoramen, ungewöhnliche Architektur und Nervenkitzel pur kombinieren die Aussichtsplattformen, die in den vergangenen Jahren wie Pilze aus den Tiroler Bergen geschossen sind. Zu den spektakulären Ausblicken, von der Highline 179 bis zum höchstgelegenen Café Österreichs, gesellen sich kulinarische und meditative Momente!

1 Highline 179, Reutte, 1100 m

Nichts für schwache Nerven ist die im Jahr 2014 eröffnete Highline 179 vor den Toren von Reutte. In 110 Meter Höhe überspannt die mit 400 Meter längste Fußgängerhängebrücke der Welt den Abgrund zwischen der Burgruine Ehrenberg und Fort Claudia. Tief unten braust der Verkehr auf der B179, der Fernpass-Bundesstraße. Der Weg wird zum Balanceakt. Denn je mehr Besucher sich auf den stählernen, in der Mitte durchhängenden Wurm hinauswagen, desto stärker schwankt er – und retour muss man auch noch. Nur für Schwindelfreie!

Highline 179, Burgenwelt Ehrenberg, Klause 1, A-6600 Reutte, Tel. 05672/62007, www.highline179.tirol, ganzjährig

2 Das Jakobskreuz, Pillerseetal, 1450 m

Spirituelle Aussichten in den Mittelpunkt rückt seit Herbst 2014 das Jakobskreuz, das von Weitem sichtbar auf der Buchensteinwand im Pillerseetal thront. Das mit Lärchenschindeln verkleidete Bauwerk gilt mit knapp 30 m Höhe als das größte begehbare Gipfelkreuz der Welt. Die Aussichtsplattformen werden um Seminarräume und Meditationsecken ergänzt – hier sollen sich Jakobsweg-Pilgern, kreativen Geistern und herkömmlichen Besuchern ganz neue Perspektiven eröffnen.

Jakobskreuz, A-6392 St. Jakob in Haus, Tel. 05354/77077, www.bergbahn-pillersee.com/jakobskreuz/, ganzjährig

3 Adlerhorst, Rofan, 2050 m

Eine Brücke zu Tirols stolzen Wappenvögeln schlägt das Panorama-Highlight im Rofangebirge. Mit der Seilbahn entschwebt man zur Erfurter Hütte, und schon grüßt, vom Gschöllkopf, eine Open-Air-Aussichtsplattform in Form eines Adlernests. Gekreißt hat in diesem Fall ein Kunstschmied, der etliche Tonnen Metall für den „Adlerhorst" zurechtbog und zusammenschweißte. Der Blick schweift von den imposanten Dalfazer Wänden tief in die Stubaier Alpen, ein Zipfel des smaragdenen Achensees ist auch zu erhaschen. Wer den Extra-Kick sucht, lässt sich mit dem Air Rofan Skyglider zum Mega-Adlernest hinaufziehen!

Rofanseilbahn ab Maurach, dann eine halbe Stunde zu Fuß, Tel. 05246/5300 (TVB Achensee), www.achensee.com/best-of-achensee/airrofan-adlerhorst/ oder www.rofanseilbahn.at, zugänglich nur im Sommer

4 The Crystal Cube, Fiss, 2600 m

Fiss im Tiroler Oberland hat in Sachen Panorama-Erlebnis die Nase vorn. Schauplatz ist der Crystal Cube. Der schräg gestellte, silberglänzende Würfel lässt sich für ein Sektfrühstück, Luxury Lunch oder einen High Tea exklusiv buchen (max. 8 Personen). Auf Wunsch mutiert der Crystal Cube auch zum Standesamt. Normalsterbliche blicken von der Z1-Aussichtsplattform über Berg und Tal

Crystal Cube, Bergstation Schönjochbahn, dann 20 Min. zu Fuß, A-6533 Fiss, Tel. 05476/6396 (Bergbahnen Fiss-Ladis, auch Buchung), https://www.serfaus-fiss-ladis.at/de/sommer/highlights/crystal-cube

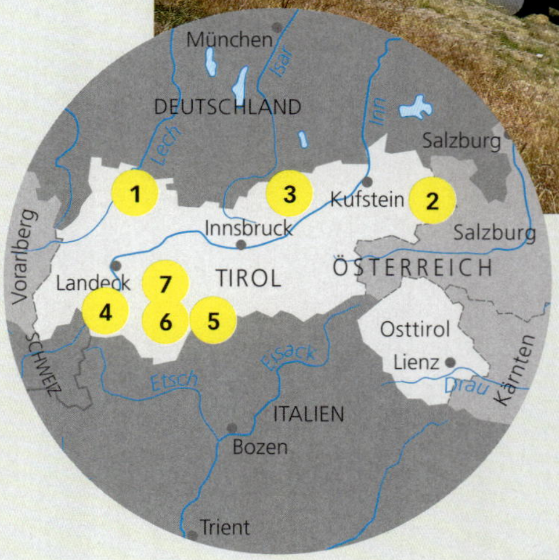

5 TOP Mountain Star, Obergurgl/Hochgurgl, 3080 m

Wohl die extravaganteste unter Tirols Panoramaplattformen ist der auf einem schmalen Grat am Wurmkogel in 3080 m Höhe balancierende „TOP Mountain Star“. Die Umrisse erinnern an eine asiatische Pagode. Swarovski-Kristalle lassen den luftigen Bergtempel im Skigebiet Obergurgl/Hochgurgl innen und außen funkeln. Bar und umlaufende Terrasse bieten einen 360°-Blick auf Ötztaler Alpen und die Silhouetten der Dolomiten-Majestäten.

TOP Mountain Star, im Skigebiet Obergurgl-Hochgurgl, mit 4er-Sesselbahn Top Wurmkogl II, Tel. 0 52 56 / 62 65, www.top hochgurgl.com/, Sommerbetrieb Ende Juni bis Mitte Sept., Di., Do., Fr.

6 Big 3-Gipfelplattformen, Sölden, bis 3340 m

„Klotzen, nicht kleckern“ ist das Motto der Söldener, die in Sachen Aussichtsplattformen schon im Jahr 2003 diesbezüglich Maßstäbe setzten. Die „Big 3“-Kanzeln finden sich jenseits der 3000-Meter-Marke. Die erste am Gaislachkogel ist rund und ruht auf schlanken Stützen, Nr. 2 am Tiefenbachkogel schiebt sich scheinbar schwerelos 25 Meter weit über einen Abgrund, und ein schlanker Obelisk markiert die dritte im Bunde auf der Schwarzen Schneid. Das Meer von Dreitausender-Gipfeln scheint unendlich!

BIG 3, Gaislachkogel, Tiefenbachkogel und Schwarze Schneid, Tel. 05 / 7 20 02 00 (Ötztal Tourismus), www.soelden.com, geöffnet sommers und winters bei Seilbahnbetrieb

7 Café 3440, Pitztal, 3440 m

Ein Ort der Superlative ist im Pitztal das an die Bergstation der Wildspitzbahn angeschlossene „Café 3440“. Die Höhe erfordert eine maßgeschneiderte Kaffeekultur. Der Siedepunkt des Wassers liegt bei ca. 90° – die Maschine muss speziell eingestellt und die Kaffeemenge höher dosiert werden. Köstlich auch der Apfelstrudel aus Tirols höchster Konditorei. Von der Aussichtsterrasse scheint die Wildspitze – Österreichs zweithöchster Berg – zum Greifen nahe. Gleich ins höchste WLAN der Alpenrepublik einloggen und Selfies verschicken!

Café 3440, Hinterer Brunnenkogel, A-6481 St. Leonhard im Pitztal, Tel. 0 54 13 / 8 62 88, www.pitztaler-gletscher.at/, geöffnet Juli – April

Auf geht's!

Mit den Konturen des Kaisergebirges am südlichen Horizont beginnt für die meisten Reisenden aus Deutschland der Tirolurlaub. Am Fuß des mächtigen Kalkmassivs liegen einige der beliebtesten Ferienregionen des Landes. Und während im „Koasa“ Klettergeschichte geschrieben wurde, schrieb und schreibt das mondäne Kitzbühel Tourismusgeschichte. Nirgends ist die Promidichte höher als in der winterlich verschneiten Gamsstadt. Aber auch im Sommer braucht sich Kitzbühel nicht zu verstecken.

Hinter dem Schwarzsee bei Kitzbühel ragt der Wilde Kaiser auf.

Auf dem „kaiserlichen" Weg zur Ellmauer Halt sind gesicherte Seilpassagen zu überwinden.

Im Kaisertal: „Leben ist Bewegung."
(Hans-Wilhelm Müller-Wohlfahrt)

Schmuckstück des Kaisertals: die 1711 erbaute Antoniuskapelle vor dem Wilden Kaiser

Kletterfreuden im Gipfelbereich der 2344 Meter hohen Ellmauer Halt

Special

Quer durch Tirol

Der Adlerweg

280 Kilometer lang ist die Hauptroute des Adlerwegs, die auf halber Höhe quer durch Tirol führt und am Arlberg endet. Nur wenige gehen die 23 Etappen am Stück – Kondition und Durchhaltewillen sind beim Auf und Ab durch Kaisergebirge, Rofan, Karwendel und Lechtaler Alpen gefordert.

Der Auftakt zu der landschaftlich bestechenden Wandertour liegt am Niederkaiser bei St. Johann, das man auch als Herz der Kitzbüheler Alpen bezeichnet. Vorbei an den Schleierwasserfällen steigt der Weg zur Gruttenhütte empor und erlaubt fantastische Ausblicke auf die Felsabstürze der Mauk- und der Ackerlspitze. An der Gruttenhütte wird es Zeit für eine zünftige Rast: Die Erbsensuppe mit Würstel ist ein Klassiker auf den hiesigen Wanderhütten. Das Aroma von Bergstiefeln hängt in der Luft, Gelächter tönt aus der Wirtsstube. Grüße fliegen hin und her.

Bei den Sennern auf der Alm fühlt man sich in die Vergangenheit zurückversetzt.

Wer auf dem Adlerweg unterwegs ist, lernt Tirol von seinen ursprünglichsten Seiten kennen, was zu den schönsten Erlebnissen auf der Tour gehört. Das Nachtlager wird in Hütten aufgeschlagen. Am Ende der Wanderung ist man um einige Kilo leichter und um viele Erkenntnisse reicher – auch über sich selbst.

Wirkt es im Norden fast zahm, wogt das Kaisergebirge auf seiner Südseite von Kufstein bis St. Johann wie ein Meer erstarrten Kalks. Wo der „Koasa" den Beinamen „wild" trägt, schrieben Pioniere mit Seil, Haken und genagelten Bergschuhen Alpingeschichte. Der Innsbrucker Alpinist und Nanga-Parbat-Erstbesteiger Hermann Buhl schwärmte einst: „Das Ellmauer Tor ist das Tor zu einer Wunderwelt. Da liegt sie, die Steinerne Rinne. Eine enge Schlucht, begrenzt von himmelstürmenden Wänden… Eine Landschaft, von Urgewalten geformt." Totenkirchl, Fleischbank und andere schauderhaft klingende Namen nötigen auch heute noch Respekt ab. Mehr als 500 Routen haben Kletterer im Wilden Kaiser erschlossen. Doch auch das Wandern lohnt sich. Dass gerade am Kaiser mit dem Adlerweg eine der spektakulärsten Fernrouten der Alpen beginnt, ist natürlich auch ein Tribut an ein Massiv, in dem sich ganze Generationen von Wanderern und Bergsteigern ihre ersten Sporen verdienten.

Kleine Tourismusgeschichte

In Sichtweite des Kaisergebirges wurde Tourismusgeschichte geschrieben. Die ersten Wintertouristen strömten Ende des 19. Jahrhunderts nach Kitzbühel,

Im Zentrum von Kufstein erhebt sich
die Stadtpfarrkirche St. Vitus.

Kufstein wird von seiner mächtigen Festung überragt – hier
der Blick vom Innufer aus.

Der Untere Stadtplatz gehört zum alten Zentrum der Innstadt Kufstein.

In Kufsteins Römerhofgasse ist noch das Flair „Alt-Tirols“ zu spüren.

Wo der „Koasa“ den Beinamen „wild“ trägt, schrieben Pioniere mit Seil, Haken und genagelten Bergschuhen Alpingeschichte.

hier verwandelten sich Leben und Raum nachhaltig, seit Touristen zum wichtig(st)en Wirtschaftsträger wurden und die Seilbahnen zum wichtigsten Mittel, um sie bei Laune zu halten. Eine ganz besondere Spielart des Tourismus entwickelte sich in und um Kitzbühel: der Prominentenauflauf. Schon in Ellmau herrscht höchster VIP-Verdacht. Seit 1995 werden an den Hängen des Hartkaisers zahlreiche Heimatfilme gedreht, die Titel wie „Ruf der Berge“ oder „Wilder Kaiser“ tragen. Vorzugsweise auf der Rübezahlalm, wo die Familie Salvenmoser die halbe deutsche Schauspielerzunft, unzählige Sportgrößen und andere Showstars verköstigt. Manchmal werden die herrlichen Panoramen vom Wilden Kaiser gegenüber mit volkstümlicher Musik unterlegt. Egal ob „Lustige Musikanten“ oder Herz-Schmerz – die Imagewerte, die damit erzielt werden, freuen die Ellmauer gewaltig. Seit 2007 und mittlerweile zehn Staffeln ordiniert der „Bergdoktor“ in Ellmau. Die gute Nachricht für die Touristiker: Anders als in den 1990er Jahren dürfen in der TV-Neuauflage des Heimatklassikers die Orte so heißen wie im richtigen Leben!

Die Alpenschickeria

Über den „Stanglwirt“ in Going erstreckt sich die VIP-Meile weiter bis zum Hotspot der Alpenschickeria, nach Kitzbühel. Industrielle, Musikproduzenten, Adelige, ehemalige Politiker, Sportler und seit kurzem auch vermehrt russische Magnaten – alle haben sie in oder zumindest in der Nähe der Gamsstadt ein zweites Domizil gefunden. Der „Kaiser“ Franz Beckenbauer, der sich während der Fußball-Weltmeisterschaft in Deutschland in Oberndorf bei Kitzbühel still und heimlich trauen ließ, ist zwar nach Salzburg übergesiedelt, doch weiter präsent. Überall auf dieser (landschaftlich) kaiserlichen Bühne treffen sich Schicki und Micki, Stars und Möchtegerne. Die größte aller Schickeriafeten findet jedes Jahr im Januar statt, wenn das legendäre Hahnenkamm-Skirennen über die Bühne geht. Sportlicher Höhepunkt ist die Abfahrt auf der Streif. Mausefalle, Steilhang, Hausbergkante – allein die Aufzählung dieser Schlüsselstellen auf der gefürchtetsten Abfahrtstrecke der Welt lässt einem schon Schauer über den Rücken rieseln. Jeder kennt die verwegenen Haudegen, die mit 130 Stundenkilometern die vereiste Strecke vom Hahnenkamm hinunterbrettern. Toni Sailer war darunter, dreifacher Olympiasieger im Jahr 1956 und noch über seinen Tod 2009 hinaus ein Botschafter seiner Heimatstadt. Ein anderer Kitzbüheler, Hansi Hinterseer, wedelte lieber

Kitzbühels Vorderstadt ist Fußgängern vorbehalten.

Die Globalisierung macht auch vor den Alpen nicht halt: Musikproduzent Gunther Mende und Ehefrau Mee Eun Kim.

Feinste Materialien für internationale Prominenz: Maßschneiderei Franz Prader nahe der Hahnenkamm-Talstation

über den Ganslern-Hang, bevor er das Fach wechselte und als volkstümlicher Schlagerstar noch größere Erfolge feierte. Das tut er bis heute.

Sommerlicher Höhepunkt

Anders als Wintersportorte der jüngeren Ära bezieht Kitzbühel seinen Charme aus gewachsenen Strukturen. Da können sich noch so viele Edelboutiquen, Designerläden, Vier-Sterne-Resorts und In-Treffs in der Altstadt drängeln, der Eindruck eines Retortenortes drängt sich einem nicht auf. Und das Gesicht Kitzbühels strahlt auch im Sommer. Der 1998 verstorbene Romancier Julien Green schwärmte schon vor Jahrzehnten: „Im Sommer findet Kitzbühel seine weiten Wiesen wieder, den berauschenden Duft der Gräser und Heugarben, des Enzians und des Klafterholzes, die gefällten Baumstämme, die als Tränken dienen, den sich mit der stillen Melancholie der Berge aus den Höhen zu Tal senkenden Schatten …“

Genau diese Qualität ist es, die einen immer wieder auf die sanften „Grasberge“ um Kitzbühel führt. Einmal dem Verkehr auf den überlasteten Zubringerstraßen entronnen, marschiert man einfach los. Bereits auf der nächsten Alm – und die Kitzbüheler Alpen bilden einen Kernraum der österreichischen Almwirtschaft – findet man dann, was wohl die immerwährende Qualität Tirols ausmacht: die Ruhe, die Natur, den gelassenen Blick von oben auf das Treiben unten im Tal.

Immer wieder die Bayern

Für den Gast aus weiter nördlichen Regionen ist freilich Kufstein die erste städtische Visitenkarte Tirols. Erst seit 1504 gehört die Stadt am Inn zu Tirol. Damals saßen noch die Bayern auf dem Festungsberg und wollten die Stadt trotz eines Vertrags partout nicht übergeben. Der spätere Kaiser Maximilian I. ließ Kanonen auffahren, die dem Mauerwerk allerdings nichts anhaben konnten. Ja, der freche Kommandant ließ die Einschussschäden mit einem Besen abkehren! Wutentbrannt ließ der Kaiser die Riesengeschütze „Weckauf“ und „Purlepaus“ aus dem Innsbrucker Zeughaus über den Inn herbeischaffen und die Festung sturmreif schießen. Der Kommandant wurde enthauptet.

Längst sind die Beziehungen zu den Bayern freundschaftlich. So freundschaftlich, dass viele Bayern rund um den Wilden Kaiser ihre Zweitwohnsitze unterhalten. Das treibt natürlich die Preise für die Einheimischen in die Höhe, und so mancher Kritiker hat vor einem „Ausverkauf von Grund und Boden“ gewarnt.

Die immerwährende Qualität Tirols ist der Blick von oben auf das Treiben unten im Tal.

Dorf mit Weitblick

Andere wiederum stoßen sich an der „Verhüttelung“ Tirols im Stil der pseudorustikalen Architektur. Alpbach im Bezirk Kufstein ist ein Musterbeispiel dafür, wie man Ortsbild (und Teil der Identität) nicht auf dem Altar des Tourismus opfern muss.

Schon 1953 verordnete der Gemeinderat für Neubauten die Anpassung an den hergebrachten Alpbacher Baustil.

Congress Centrum Alpbach: Hier hat man die Zukunft fest im Blick – etwa beim jährlichen Europäischen Forum Alpbach.

Sonnige Lage: Im Brixental am Sonnenberg gehen Natur und alpenländischer Baustil eine perfekte Symbiose ein.

Romantisch-verspielt: Tiroler Rokoko am Schwarzingerhaus in St. Johann

Die Schützen nutzen das „Europäische Forum“ für den „Alpbacher Tirol Tag“.

Special

Stanglwirt in Going

Holzknechte gegen Paparazzi

Kein Hotel in Tirol hat einen klingenderen Namen als der „Stanglwirt“ in Going. Vom einfachen Gasthaus mauserte es sich zum Rummelplatz der Sonderklasse.

Kaum ein Wochenende, da sich die Schickeria hier kein Stelldichein gibt. Gern erzählt Chef Balthasar Hauser, wie Holzknechte gegen Paparazzi aufmarschierten, die ihrerseits Kühe als Deckung nutzten, um sich an ihre Opfer anzupirschen. Das war vor vierzig Jahren. Seither hat sich der „Stanglwirt“ zu einem Riesenkomplex mit Beauty- und Wellness-Welten, Lipizzanergestüt und Aquarium entwickelt. Mit Erzeugnissen aus eigenem Anbau liegt man voll im Biotrend. Auch das Dinner mit Blick in den Kuhstall sowie das Haifischaquarium in der Felsensauna verkauft man als „authentisch“. Schließlich waren die Kühe vor den Gästen da, die Haie sowieso: Vor 200 Millionen Jahren war der Wilde Kaiser ein Korallenriff.

Stanglwirt: Wellness und Lipizzaner

Unverfälscht ist die Volksmusik, die seit 1949 bei den Sängertreffen erklingt. Seit 1991 feiert man hier beim Hahnenkamm-Rennen die legendäre „Weißwurstparty“. Solche Gegensätze unter einem Dach zu vereinen, macht den Erfolg des „Stanglwirts“ aus. Noch exklusiver gibt sich der „Kitzbühel Country Club“ (KCC), den Richard Hauser, ältester Sohn von „Stanglwirt“ Balthasar Hauser, 2013 im nahen Reith ins Leben gerufen hat.

Mit der Folge, dass heute Souvenirläden und Skiställe mit uralten Einhöfen eine harmonische Symbiose eingehen.

Wege und Irrwege

Sicher trägt auch das einmalige, von Blumenschmuck überquellende Ortsbild dazu bei, dass Politiker, Wirtschaftskapitäne und Nobelpreisträger in der zweiten Augusthälfte alles stehen und liegen lassen, um am „Europäischen Forum Alpbach“ teilzunehmen.

Wurden bei der Erstauflage 1945 Visionen für den vom Krieg zerstörten Erdteil entworfen, so bilden heute Wege und Irrwege der technologischen Entwicklung sowie Chancen und Risiken der Globalisierung die wichtigsten Themen der Veranstaltung, die aus einem kleinen Tiroler Bergdorf einen Ort der Denker macht.

Und sollten die Reihen im modernen Congress Centrum einmal spärlich gefüllt sein, lässt sich mutmaßen, dass die „Schwänzenden“ zur Jausenstation am Rossmoos gewandert sind oder über einer deftigen Tiroler Graukassuppe in einem Alpbacher Gasthof die Köpfe zusammenstecken. Der köstliche Geschmack des geschmolzenen Graukäses trägt dazu bei, die erhitzen Gemüter zu beruhigen – auch das trägt zur Diskussionskultur bei!

SKISPORT IN TIROL

Schneller, höher, weißer

Tirol ist ein Skisportland der Superlative: Die modernsten Lifte der Welt, Skispaß an 365 Tagen im Jahr, Gourmetküche am Berg und vieles mehr bieten die mehr als hundert Skigebiete.

Hüttengaudi in Sölden: „Après-Ski" der gemütlichen Art. Alle Urlauber zusammen bescheren dem Land drei Milliarden Euro Wertschöpfung im Jahr.

Sölden an einem normalen Wintervormittag: Zu Hunderten laden die Busse Skifahrer und Snowboarder an der Gaislachkoglbahn ab. Von Hektik merkt man trotzdem wenig. Ausgefeilte Logistik hält die Warteschlangen kurz. An der Talstation erreicht man die Gondeln über Rolltreppen oder per Lift. Beim Umsteigen an der Mittelstation spart man sich umständliches Treppensteigen. Wer dort gleich starten will, fährt ganz entspannt über eine leicht abschüssige Rampe. Und wer noch höher hinaus möchte, lässt sich von 1377 Meter auf 3041 Meter Höhe befördern. 1700 Höhenmeter in 15 Minuten, das bedeutet Weltrekord!

Keine Frage, die Tiroler lieben ihre Wintergäste und kümmern sich perfekt um sie, seit am Arlberg vor hundert Jahren der alpine Skisport begann. Heute strömen in der kalten Jahreszeit an die 5,9 Millionen Besucher nach Tirol, etwa die Hälfte davon Deutsche. Wintergäste geben mit durchschnittlich 137 Euro am Tag mehr aus als ihre Sommerkollegen (104 Euro) und verweilen auch länger. 26,5 Millionen Übernachtungen wies die Wintersaison 2016/17 auf. Mit 2 Millionen Übernachtungen einsam an der Spitze: die 4000(!)-Einwohner Gemeinde Sölden.

Die hohe Wintersportkompetenz beschert Tirol einen Spitzenplatz in Europa. Attraktive Skigebiete, gehobene Unterkünfte und prickelnde Après-Ski-Angebote ergeben ein Gesamtpaket, das nicht so leicht zu toppen ist. Will man diese Position behaupten, ist Stillstand Gift. Neue Attraktionen müssen her, höherer Komfort oder ansprechende Inszenierungen – am besten alles zusammen.

Wie bei der Gaislachkoglbahn. Unglaubliche 38 Millionen Euro investierten die Söldener Liftbetreiber, um die Skifahrer noch schneller und bequemer auf die Pisten zu bringen. Die Einseilumlaufbahn zur Mittelstation befördert 3600 Menschen in der Stunde, mehr als jede andere Einseilumlaufbahn weltweit. Komfortverbesserung liegt im Trend. Hier werden ältere Liftmodelle gegen Kuppel-Sessellifte oder Kabinenbahnen ausgetauscht, dort sorgen Sitzheizungen und andere Extras für mehr Behaglichkeit.

1200 Lift- oder Seilbahnanlagen gibt es in Tirol. Architektonisch wegweisende Projekte wie die Galzig-Bahn

Zwoa Brettl, a gführiger Schnee – das war gestern. Heute braucht es ein bisschen mehr, um Wintersportgäste wie hier in Sölden in die Berge zu locken. Erfreulicherweise geht es abseits der „Hotspots“ aber vielfach weniger um Dezibel oder Rekorde bei der Jägermeister-Vernichtung als um die Qualität des Erlebnisses. Und so mancher entdeckt dabei vielleicht sogar die „neue Einfachheit“.

„Giggitreff" im Ötztal: „Ötzi", die Gletschermumie, würde sich wohl verwundert die Augen reiben, wenn er sehen könnte, welche Massen heute in die Berge drängen.

in St. Anton am Arlberg halten mittlerweile als Werbeträger her. Mit fünf Gletscherskigebieten (Ziller-, Stubai-, Ötz-, Pitz- und Kaunertal) präsentiert sich das Land als Topadresse für Pistenfreunde, die ein garantiert schneesicheres Erlebnis genießen wollen. Mit 87 Liften und insgesamt 305 Kilometer markierten Abfahrten ist St. Anton zusammen mit Lech und Zürs seit der Wintersaison 2016/17 das größte zusammenhängende Skigebiet Österreichs. Superlative birgt auch die Tirol Snow Card, ein Skipass für 91 Skigebiete und mehr als 4000 Pistenkilometer. Der Preis für unbegrenztes Skivergnügen von Anfang Oktober bis Mitte Mai beträgt ca. 770 Euro.

Manch einer zieht das Naturerlebnis beim Tourengehen und auf unverspurten Hängen dem Pistenrummel vor. Das Stubaital und die Kitzbüheler Alpen etwa profilieren sich als Freerider-Zentren. Hier wird von geführten Halbtagestouren bis zu mehrtägigen Camps mit Lawinenkunde alles geboten, was das Herz begehrt.

Alles eitel Wonne?

Tirol ist auch beim Après-Ski Spitze. Gourmetküche am Berg kredenzt etwa die haubengekrönte Verwallstube in St. Anton. Luxus-Chalets mit Fünf-Sterne-Komfort (Wedelhütte im Skigebiet Hochzillertal) bietet Tirol ebenso wie Iglu-Übernachtungen auf 2000 Meter (Ahornplateau in Mayrhofen) oder Kaffeespezialitäten in Österreichs höchstgelegenem Café auf 3440 Meter Höhe (Pitztaler Gletscher).

Dennoch gibt es Probleme: Der Klimawandel macht vor allem Skigebieten unter 1500 Metern zu schaffen. Der „Erschließung" neuer Gletschergebiete stehen oft Sicherheitsbedenken und der Naturschutz entgegen. Der Ton wird schärfer, und mitunter setzen sich die Liftbetreiber gegen heftigen Widerstand der Umweltschützer durch, wie etwa beim jahrelang umstrittenen, 2013 durchgedrückten Bau einer Seilbahn auf den 2812 m hohen Piz Val Gronda im Skigebiet Ischgl.

Skisportland Tirol

4000 km Pisten, gut 100 Skigebiete, 5 Gletscherskigebiete, 70 Snowparks, 112 km Nachtlauf-Skipisten, 1200 Lifte und Seilbahnen, 25–26 Millionen Übernachtungen im Winter
Österreichs höchstgelegene Skiorte
Kühtai (2020 Meter) und Obergurgl (1930 Meter)

Hotspots
St. Anton am Arlberg (**www.stantonamarlberg.com**), Ischgl im Paznauntal (**www.ischgl.com**), Sölden im Ötztal (**www.soelden.com**), Skiwelt Wilder Kaiser Brixental (**www.skiwelt.at**), Kitzbühel (**www.kitzbuehel.com**)

Familienskigebiet groß
Serfaus-Fiss-Ladis (212 km Pisten)
Familienskigebiet klein
Vent im Ötztal (15 km Pisten)

Gesamttiroler Skipass: http://snowcard.tirol.at

Für eine Skitour am Eiskögele in den Ötztaler Alpen sollte man trittsicher und schwindelfrei sein.

Maßstab 1:330.000
0
3
6km
Kufstein
Wilder Kaiser
Kaisergebirge
Ellmauer Halt
St. Johann in Tirol
Kitzbühel
Kitzbüheler Horn
Hahnenkamm
Hopfgarten im Brixental
Hohe Salve
Söll
Ellmau
Wörgl
Kundl
Rattenberg
Brixlegg
Reith im Alpbachtal
Alpbach
Wildschönau
Westendorf
Kirchberg in Tirol
Brixen im Thale
Fieberbrunn
Waidring
Kössen
Reit im Winkl
Walchsee
Ebbs
Oberaudorf
Kiefersfelden
Flintsbach am Inn
Nußdorf am Inn
Neubeuern
Brannenburg
Raubling
Bad Feilnbach
Bayrischzell
Wendelstein
Schliersee
Hausham
Miesbach
Rotwand
Ursprungpass
Thiersee
Kirchbichl
Angath
Mariastein
Chiemgauer Alpen
Deutsche Alpenstraße
Geigelstein
Aschau im Chiemgau
Grassau
Marquartstein
Unterwössen
Ruhpolding
Hochfelln
Loferer Steinberge
Kitzbüheler Alpen
Pass Thurn
Mittersill
Gr. Rettenstein
Wildkogel
Neukirchen am Großvenediger
Bramberg
Hollersbach im Pinzgau
Krimml
Krimmler Wasserfälle
Gerlospass
Gerlos
Zell am Ziller
Mayrhofen
Zillertaler Alpen
Naturpark Zillertal
Kreuzjoch
Großvenediger
Nationalpark Hohe Tauern
Felbertauern
Felbertauernstraße
Felber Tauern
Matrei in Osttirol
Kitzsteinhorn
Großglockner
Saalbach
Hinterglemm
Jochberg
Aurach bei Kitzbühel
Wildseeloder
Steinplatte
Pass Strub
1
2
3
4
5
6

Schroffe Türme, sanfte Kuppen

Kaiser, Kitz, Kufstein – die schroffen Kalktürme des Wilden Kaisers und die sanften Kuppen der Kitzbüheler Alpen charakterisieren die, von der deutschen Grenze aus betrachtet, „erste" Ferienregion Tirols.

1 Kufstein

Mit knapp 18 000 Einw. ist Kufstein die zweitgrößte Stadt des Landes. Die schon zu Römerzeiten strategisch wichtige Lage machte die Siedlung am Inndurchbruch (Stadtrecht 1393) wiederholt zum Objekt bayerischer Begierde. Endgültig zu Tirol gehört die Stadt seit 1504.

SEHENSWERT
Die **Festung** (urspr. 13. Jh. und 16./17. Jh.) dient heute als Museumskomplex. Auf dem Freiareal kann man Wehrgänge und alte Batterien bewundern; weitere Attraktionen sind das einst berüchtigte Staatsgefängnis, ein Heimatmuseum und eine Ausstellung über die Tiroler Kaiserjäger. Um 12.00 Uhr (Juli und Aug. auch 18.00 Uhr) ertönt die Heldenorgel (1931), mit über 4300 Pfeifen und 36 Registern die größte Freiorgel der Welt, zum Gedenken an die Toten der Weltkriege (www.festung.kufstein.at, Ende März–Anf. Nov. tgl. 9.00 – 18.00 Uhr, sonst 10.00 bis 17.00 Uhr). Die **Römerhofgasse** am Inn ist der schönste Teil der Altstadt – hier ist „Alt-Tirol" zu Hause. Im „Auracher Löchl" komponierte Karl Ganzer 1947 das berühmte „Kufsteiner Lied".

MUSEUM
1810 konstruierte der Kufsteiner Josef Madersperger (1786 – 1850) die erste funktionsfähige Nähmaschine. Erst nach seinem Tod erkannte man die Bedeutung der Erfindung, heute beleuchtet auf einer Fläche von nur 14 m² im **Nähmaschinenmuseum** (Kinkstraße 16, Mo. – Sa. 9.00 – 17.00 Uhr).

AKTIVITÄTEN
Mit dem **Thiersee** (westl.) und dem **Hechtsee** (nördl.) verfügen die Kufsteiner über zwei warme Badeseen. Der 2015 sanierte Kaiserlift (Mai – Okt.) erschließt das Brentenjoch.

RESTAURANT
Das **€ € Auracher Löchl** (Römerhofgasse 2, Tel. 0 53 72 / 6 21 38) ist das traditionsreichste Wirtshaus am Platz. Blutwurst-Gröstl mit Speckkrautsalat und weitere Sattmacher bestimmen die Karte.

UMGEBUNG
Seit 1613 führt man in **Erl** (15 km nördl.) Passionsspiele auf; sie feierten 2013 ihr 400-jähriges Jubiläum (wieder im Jahr 2019; www.passionsspiele.at). Berühmt sind auch die Opernaufführungen und Orchesterkonzerte unter Gustav Kuhn im Rahmen der Tiroler Festspiele Erl (www.tiroler-festspiele.at). Auch in **Thiersee** (westl.) gibt es Passionsspiele (wieder 2016). Der **Walchsee** (15 km nordöstl.) ist ein idyllischer Badesee beim Zahmen Kaiser. Auf dem **Fohlenhof in Ebbs**, dem bedeutendsten Haflingergestüt der Welt, sind die heute als Freizeitpferde gezüchteten Haflinger im täglichen Einsatz zu sehen (Haflinger Pferdezuchtverband Tirol, Schlossallee 31, Ebbs, Tel. 0 53 73 / 4 22 10, www.haflinger-tirol.com).

Tipp

Gläserne Revolution

Der Kufsteiner Glasmacher Claus Riedel entwickelte Gläser, die den Charakter des jeweiligen Weins herauskehren. Mit seinen Ballons und anderen funktionellen Gläsern revolutionierte er die Glasmacherkunst. Dies und vieles andere erfährt man auf einer **Factory Tour**.

INFORMATION
Mo.– Fr. 9.00 –12.00, 13.00 –16.00 Uhr,
Shop/Outlet Mo.– Fr. 9.00 –18.00,
Sa. bis 17.00 Uhr;
Riedel Glas, Weissachstraße 28 – 34,
Kufstein, Tel. 0 53 72 / 6 48 96,
www.riedel.com

Auch Mountainbiker werden sich in den Kitzbüheler Alpen pudelwohl fühlen.

INFORMATION
Ferienland Kufstein,
Unterer Stadtplatz 8, A-6330 Kufstein,
Tel. 0 53 72 / 6 22 07, www.kufstein.com

2 Ellmau

Kein Ort gibt einen schöneren Blick auf den **Wilden Kaiser** **TOPZIEL** frei als Ellmau (2600 Einw.). Die unruhige Linie seiner Zacken und Kare bildet einen markanten Kontrast zu den sanften Formen des Hartkaisers gegenüber, der bereits zu den Kitzbüheler Alpen zählt. Im Gegensatz zum Wilden Kaiser (Naturschutzgebiet) darf dort auch Ski gefahren werden.

AKTIVITÄTEN
Der Wilde Kaiser ist eher ein Terrain für ambitionierte **Kletterer**. Für **Wanderungen** empfiehlt sich der Weg auf die Gruttenhütte, ins Ellmauer Tor hinein wird es schon schwieriger, und auf die Ellmauer Halt (mit 2344 m der höchste Punkt des Kaisergebirges) geht es teils über Klettersteige. Vom Hartkaiser gegenüber hat man stets einen „Kaiser"-Blick – auch beim **Golfen**. Regelmäßige Führungen per E-Bike, per Traktor, per Pferdekutsche oder zu Fuß führen den Besucher zu den Schauplätzen der in Ellmau und Umgebung gedrehten TV-Serie „Der Bergdoktor".

Mit seinen Zinnen, Graten und Karen macht der Wilde Kaiser seinem Namen alle Ehre.

HOTEL
Was Rang und Namen hat, steigt beim **€ € € € Stanglwirt** im 2 km östl. gelegenen Going ab (Tel. 0 53 58 / 20 00, www.stanglwirt.com).

RESTAURANT
Hohe Prominentendichte, ein großartiges Panorama und gute Küche sind die Visitenkarte der **€ € Rübezahlalm** in Ellmau (Tel. 0 53 58 / 26 46; auf 1200 m am Hartkaiser).

UMGEBUNG
Scheffau (4 km westl.) hat sich als Kneipp-Zentrum profiliert. Der **Hintersteiner See** am Fuße des Kaisers (4 km nordwestl. von Scheffau) lädt im Sommer zum Baden ein. In Söll (10 km westl.) führt eine Gondelbahn auf die **Hohe Salve** (1828 m), eine der schönsten Aussichtskanzeln des Unterlands. Kinder lieben den Wasserfreizeitpark Hexenwasser in **Hochsöll** (Tel. 0 53 33 / 52 60, www.hexenwasser.at; Mitte Mai–Mitte Okt. tgl. 9.00 – 17.30 Uhr).

INFORMATION
Tourismusverband Wilder Kaiser,
Informationsbüro Ellmau, Dorf 35,
A-6352 Ellmau, Tel. 05 05 09
www.wilderkaiser.info

3 St. Johann in Tirol

Die im 16. Jh. durch den Bergbau zu Wohlstand gekommene Marktgemeinde (8600 Einw.) ist einer der sympathischsten Orte Tirols. Das verkehrsberuhigte Zentrum punktet mit alten Bürgerhäusern und barockem Flair. Die Kulisse mit Kaisergebirge, Kitzbüheler Horn sowie den Loferer Steinbergen ist majestätisch.

SEHENSWERT
Die **Pfarrkirche** (Vorgänger 1150 erwähnt) bietet eine hochbarocke Innenausstattung. Beeindruckend auch üppig dekorierte Bauernhöfe, u. a. das **Schwarzingerhaus** (Wieshoferstraße 19) mit ornamentaler Rokokomalerei.

AKTIVITÄTEN
St. Johann verfügt über ein Netz von **Wander-, Rad-** und **Mountainbikestrecken**. Auch der **Adlerweg**, ein Fernwanderweg quer durch Tirol, startet hier (www.tirol.at/adlerweg). Der Niederkaiser lädt zu leichten **Touren** ein.

VERANSTALTUNG
Ende Sept. wird das **Knödelfest** gefeiert (www.knoedelfest.at). 26 000 Knödel, vom deftigen Speck- bis zum süßen Marillenknödel, verlassen Töpfe und Pfannen.

UMGEBUNG
Kössen (18 km nördl.) ist das touristische Zentrum des „Kaiserwinkls" (www.kaiserwinkl.com). Unter diesem Namen präsentiert sich die Nordseite des Kaisergebirges; zwei Golfplätze, Feste und Almwanderungen sind die Attraktionen am **Zahmen Kaiser.** Am **Pillersee** (15 km östl.) lässt es sich gut baden und fischen; als alte Pilgerstation weist ihn die Adolari-Kapelle aus (um 1410; guter Gasthof nebenan), ebenso das 2014 errichtete, begehbare Jakobskreuz (siehe Unsere Favoriten S. 18).

INFORMATION
Ferienregion St. Johann in Tirol,
Poststraße 2, A-6380 St. Johann in Tirol,
Tel. 0 53 52 / 63 33 50, www.kitzalps.cc

4 Kitzbühel

Was St. Moritz für die Schweiz, ist „Kitz" für Österreich: der Society-Treffpunkt in der kalten Jahreszeit. In den Bergen rings um die Gamsstadt (8600 Einw.), vor allem auf der Kelchalm, wurde schon vor Jahrtausenden Kupfererz gefördert (Stadtrecht 1271). Seit mehr als hundert Jahren sorgt der Tourismus für Wohlstand.

SEHENSWERT
Rund um die gotische **Katharinenkirche** (Altar von 1515) gruppiert sich die **Altstadt** mit einer Phalanx wuchtiger Stadthäuser aus dem 16. Jahrhundert. Heute beherbergen sie Luxushotels und Nobelboutiquen. Die Stadtsilhouette wird durch **Liebfrauenkirche** (1373) und **Stadtpfarrkirche St. Andreas** (1435) geprägt.

MUSEUM
Das **Stadtmuseum** spannt den Bogen von der Bronzezeit über die Winterpanoramen von Alfons Walde bis zu Toni Sailer (Hinterstadt 32, www.museum-kitzbuehel.at; Mitte Juli – Mitte Sept. tgl. 10.00 –17.00 Uhr, sonst kürzer).

AKTIVITÄTEN
Im Sommer verspricht der **Schwarzsee** Abkühlung (nordwestl.; grandioser Blick auf den Wilden Kaiser). Dort und an drei weiteren Orten der Umgebung wird **Golf** gespielt, was Kitzbühel zu einem Zentrum dieses Sports macht (www.kitzbuehel-golf.com/de). 500 km lang ist das **Wanderwegenetz** durch die Kitzbüheler Alpen. Von Mai bis Okt. lädt die Stadt zu Wanderungen ein (Mo. – Fr.); kurzweilig sind die Themenwanderungen, u. a. entlang der Streif. Bester Aussichtspunkt ist das **Kitzbüheler Horn** (1993 m; Mautstraße oder Gondelbahn).

HOTEL UND RESTAURANT
Der **€ € € € Schwarze Adler** bietet in seinem Spa Erholung pur an (Florianigasse 15, A-6370 Kitzbühel, Tel. 0 53 56 / 69 11, www.adlerkitz.at). Der **€ € € Winkler's im NEUWIRT** mit derselben Adresse ist eines der Tiroler Spitzenrestaurants (Tel. 0 53 56 / 69 11 58, www.restaurant-neuwirt.at).

UNTERHALTUNG
Wo sich der Jetset auf die Füße tritt, darf ein **Casino** nicht fehlen (Hinterstadt 24; tgl. ab 18.00 Uhr). Schöne und Reiche treffen sich gern im **Take Five** (Hinterstadt 22).

UMGEBUNG
Im 30 km langen, ruhigen **Brixental** (www.kitzbuehel-alpen.com) kommen Mountain- und E-Biker auf ihre Kosten. Stattliche Bauernhöfe, Almen und Wandermöglichkeiten sind die Attraktionen von Kirchberg bis Hopfgarten. Beim Antlass-Ritt zu Fronleichnam schmücken die Bauern seit der Schweden-Bedrohung im 17. Jh. ihre Rösser und reiten von Brixen nach Westendorf. Kinder lieben den Wildpark in **Aurach** (5 km südl.; www. wildpark-tirol.at; Mitte Mai–Mitte Nov. tgl. 10.00 –17.00 Uhr).

INFORMATION
Kitzbühel Tourismus
Hinterstadt 18, A-6370 Kitzbühel,
Tel. 0 53 56 / 6 66 60, www.kitzbuehel.com

5 Wildschönau

Die Wildschönau wurde erst in den 1920er-Jahren durch eine Straße erschlossen. Hauptort des 24 km langen Hochtals ist Oberau. Als Spezialität gilt der Rübenschnaps „Krautinger".

SEHENSWERT/MUSEUM
Ein Schmuckstück von Barockkapelle befindet sich am westl. Ortsrand von **Oberau.** Ihr mächtiges „Gegenstück" aus dem 18. Jh. im Zentrum wird gern „Wildschönauer Dom" genannt. Das **Bergbauernmuseum z'Bach** in Oberau ist wegen des Handwerkermarkts interessant (Mitte Mai – Mitte Okt. Do.-Nachm.).

AKTIVITÄTEN
Die **Schatzbergbahn** (Auffach) erschließt ein riesiges Wandergebiet; von April bis Mitte November lohnt eine Wanderung in die wilde Kundler Klamm.

HOTEL UND RESTAURANT
Der **€ € Kellerwirt** ist ein Gasthaus mit Landhausatmosphäre und feiner Küche (Oberau 72, A-6311 Wildschönau, Tel. 0 53 39 / 81 16, www.kellerwirt.com).

Tipp

Nabel der Skiwelt

Mitte Januar lockt das weltberühmte Hahnenkamm-Rennen 100 000 Skifans in die Gamsstadt. Die wichtigste Disziplin in Kitzbühel ist jedoch Après-Ski. Am Rennwochenende kommt zusammen, was in der österreichischen und bayerischen Society Rang und Namen hat, um in Discos und auf Partys zu feiern.

INFORMATION
Tourismusinformation Wildschönau, Oberau 337, A-6311 Wildschönau, Tel. 0 53 39 / 8 25 50, www.wildschoenau.com

6 Alpbach

Bekannt ist das „schönste Dorf Österreichs" (2600 Einw.) durch das „Europäische Forum". Hier spielen Traditionen eine überaus wichtige Rolle. Im Winter zeigt sich Alpbach als kleines Skidorf.

SEHENSWERT
Jahrhundertealte Einhöfe prägen das Bild des idyllischen Hochtals. Einer von ihnen dient als **Bergbauernmuseum** (Unterberg 34; Sommer Mo., Do. und So. 13.00–17.00 Uhr). Das 1997 errichtete **Congress Centrum** fügt sich harmonisch in die Landschaft ein.

AKTIVITÄTEN
Der **Panoramaweg** unterhalb des Wiedersberger Horns rückt Rofangebirge, Kitzbüheler und Zillertaler Alpen in den Blick und begeistert durch immer neue Ausblicke.

HOTEL
Der behagliche **€ € € Böglerhof** ist das beste Haus am Platz (Alpbach 166, A-6236 Alpbach, Tel. 0 53 36 / 5 22 70, www.boeglerhof.at).

RESTAURANT
€ € Gasthaus Jakober ist ein Tiroler Wirtshaus mit Tradition und bodenständiger Speisekarte (Alpbach 169, Tel. 0 53 36 / 51 71).

INFORMATION
Tourismusverband Alpbachtal Seenland, Zentrum 1, A-6233 Kramsach, Tel. 0 53 36 / 2 12 00, www.alpbachtal.at

Genießen Erleben Erfahren

DuMont Aktiv

Auf Du und Du mit Totenkirchl & Co.

Mit seinen schroffen Formen hält der Wilde Kaiser Normalwanderer etwas auf Distanz. Auf dem Weg durch das idyllische Kaisertal gelangt man aber mühelos bis ins Herz des „Koasas".

Das Kaisertal bei Kufstein ist ein Kuriosum. Als letztes dauerhaft bewohntes Tal Österreichs bekam es erst 2008 eine Zufahrtstraße. Nur die etwa dreißig Kaisertaler sowie die Betreiber von Schutzhütten dürfen sie befahren. Für Wanderer, die Totenkirchl & Co. in Augenschein nehmen wollen, beginnt die Tour dagegen wie eh und je am Kaisertalaufstieg. Nach 285 Stufen, versüßt durch einen Postkartenblick auf Kufstein, liegt ihnen das idyllische Hochtal mit seinen uralten Bauernhöfen zu Füßen.

Bereits die Terrassen der Ausflugsgasthöfe rücken die Silhouette des „Koasa" gut in den Blick und sorgen für ein gradioses Panorama. Richtig spektakulär wird die Aussicht auf die wild gezackten Kammlinie von Zinnen, Karen und Graten aber erst bei der malerischen Antoniuskapelle (1711).

Mit dem Hans-Berger-Haus ist nach 2,5 Stunden die „hinterste" Kaisertal-Schutzhütte erreicht. Die berühmte Westwand des Totenkirchl, die Kleine Halt und weitere Felsdome liegen zum Greifen nahe. Wer mag, kann im Hans-Berger-Haus einen Kletterkurs buchen oder sich in der „ersten Gipfelbibliothek der Welt" in Bergsteigerliteratur vertiefen.

Weitere Informationen

Der Kaisertalaufstieg liegt zwischen Kufstein und Ebbs (Parkplatz, Busverbindung vom Bahnhof Kufstein). Bis zum Hans-Berger-Haus geht man ungefähr 2,5 Std. Dort bietet die **Bergsteigerschule Wilder Kaiser** zahlreiche Kletterkurse an (u. a. Spezialkurse für Frauen). Tel. 0 53 72 / 6 25 75, *www.bergsteigerschule.at*

Weitere nützliche Infos über das Kaisertal findet man im Internet unter der Adresse *www.kaisertal.at*

Kletterparadies Ellmauer Halt

Wo Könige und Kaiser weilten

Salz, Silber und der zollpflichtige Verkehr machten das Unterinntal einst zu einer Boomregion Europas. Zahlreiche Burgen, Museen und Schaubergwerke erinnern an das Goldene Zeitalter um das Jahr 1500. Den Wohlstand von heute sichern Hightech-Unternehmen wie Swarovski und der Tourismus, der in Seitentälern wie dem Zillertal seine Hochburgen hat. Zum Fluch hat sich dagegen der Güterschwerverkehr entwickelt.

Erfrischung auf dem Kleinen Ahornboden vor den schroff aufragenden Lalidererwänden

Blick vom Burgberg auf Rattenberg am Inn

Der Inn-Radweg erstreckt sich über 500 Kilometer
von Maloja in der Schweiz bis nach Passau.

Südtiroler Straße in Rattenbergs Altstadt

Stans: Innenhof von Schloss Tratzberg

„Von Innsbruck herauf wird es immer schöner, da hilft kein Beschreiben."

Johann Wolfgang von Goethe

Die Achse Unterinntal und Wipptal bildet eine der wichtigsten Verkehrsadern Europas. Viele deutsche Könige nahmen diese Route nach Süden, um sich in Rom zum Kaiser krönen zu lassen. Alle passierten sie den Brenner, den mit 1374 Metern niedrigsten Alpenübergang. Für spätere Reisende, bis hinein in die Gegenwart, wurde der Brenner zum „Sehnsuchtstor" nach Süden. Bestes Beispiel: Johann Wolfgang von Goethe. Als der Dichterfürst 1786 von Weimar aus nach Italien aufbrach, raste er durch Tirol – für damalige Verhältnisse. Innsbruck gefiel ihm, doch es reichte gerade für ein paar wohlmeinende Zeilen im Reisetagebuch. Zum Brenner hinauf eilte er in fünfeinhalb Stunden, schien die milde Luft des Südens schon zu riechen. „Von Innsbruck herauf wird es immer schöner, da hilft kein Beschreiben. Auf den gebahntesten Wegen steigt man eine Schlucht herauf, die das Wasser nach dem Inn zu sendet, eine Schlucht, die den Augen unzählige Abwechselungen bietet."

Fluch der guten Lage

Heute ist es mit der Beschaulichkeit längst vorbei. Über den Brenner rollen Jahr für Jahr um die zwei Millionen Lastwagen, das sind Tag für Tag 5900 Brummis, die für Lärm und dicke Luft sorgen und die Anwohner auf die Barrikaden treiben. Die 1963 eröffnete Europabrücke und andere technische Wunderwerke aus der Ära, in der Verkehr mit Fortschritt gleichgesetzt wurde, sind längst zu Symbolen des ungezügelten Transits geworden.

Nun soll der seit fünfzig Jahren diskutierte Brennerbasistunnel die Lkw-Flut eindämmen. Bei Innsbruck sollen die Züge unter der Erde verschwinden, um 55 Kilometer südlich bei Franzensfeste in Südtirol wieder das Tageslicht zu erblicken. Die Kosten sind mit neun Milliarden Euro gigantisch, ebenso wie die Einblicke auf den Tunnel-Touren vom Besucherzentrum in Steinach aus. Wenn alles gut geht, könnte es im Jahr 2025 endlich leiser werden. Zukunftsmusik?

„Sommerfrische"

Seit jeher ist Tirol ein typisches Transitland. In Goethes Reisetagebuch klingt bereits an, was die Reisenden interessieren könnte: Natur, gute Luft, wildromantische Landschaften. Im 19. Jahrhundert entdeckten die ersten Abenteurer die Berge als Sehnsuchtsort, und mit dem Bau der Bahnlinie durch das Inntal gestaltete sich auch die Anreise bequemer. Das Zillertal war als erstes Tal jenseits der Grenze, das sich mit Dreitausendern schmücken konnte, besonders attraktiv.

Achensee- und Karwendel-Panorama
an der Bergstation der Rofanseilbahn

Kühe begleiten die Rofan-Wanderer auf dem Weg von der Erfurter Hütte zur Dalfaz-Alm.

Special

Käse

Geschmackswunder von der Alm

Käse hat in Tirol einen ganz besonderen Stellenwert, und seine Qualität ist generell hoch.

Viele der schmackhaftesten Sorten werden auf den Almen erzeugt, auf denen sich im Sommer landesweit an die 100 000 Rinder tummeln, rund ein Drittel davon Milchkühe. Das Tiroler Unterland ist das Zentrum der Almwirtschaft.

In schönster Regelmäßigkeit räumt der schmackhafte Almkäse von der Eng-Alm im Herzen des Karwendelgebirges Preise ab. Das Ausgangsprodukt stammt von über 200 Milchkühen, die sich im Sommer am Großen Ahornboden saftige Gräser und Kräuter einverleiben. Zwei Käsemeister verarbeiten die Milch zu Butter und Almkäse. Nebenan vermittelt seit 2017 der Mega-Naturspielplatz „Spielschatz Eng-Alm" den Kleinen das Almleben von einst.

Mindestens vier Monate reift der Käselaib heran und wird dabei regelmäßig in eine Lake mit Rotschimmelkulturen getaucht. So erhält er sein würziges Aroma. Hier – wie überall, wo es Käse gibt – kann man sich gleich an Ort und Stelle von dem alpinen Geschmackswunder überzeugen. Diesbezüglich ein Tipp ist unstrittig auch die Bergkäserei Stoankasern oberhalb von Juns im Tuxertal.

Frischkäse wird in die Käseform gehoben.

Als die ersten „Fremden", wie die Touristen mancherorts bis heute genannt werden, von Strass nach Süden abbogen, staunten sie über die wettergegerbten Bauernhöfe, die wie Schwalbennester an steilen Hängen klebten, stärkten sich mit Spezialitäten wie Graukassuppe und Zillertaler Krapfen und machten sich schließlich daran, in die Welt des Eises vorzustoßen, das damals noch „ewig" schien. Eine perfekte touristische Infrastruktur, Naturerlebnisse und eine unglaubliche Dichte von Festen machen heute die Attraktivität des Zillertals aus.

Die Schätze aus dem Berg

Burgen und Schlösser, Schaubergwerke und Museen dokumentieren den einstigen Reichtum des Landstrichs zwischen Innsbruck und Kufstein. Wer heute durch Schwaz spaziert, mag kaum glauben, dass das Städtchen bis Ende des 16. Jahrhunderts gut 200 Jahre lang zu den reichsten Orten Europas zählte und rund 85 Prozent des weltweit produzierten Silbers ausspuckte. Die Silber- und Kupfervorkommen im Schwazer Dolomit wurden im Untertagebau mit technisch bahnbrechenden Methoden erschlossen. Rund 11 000 Knappen wühlten sich durch den Silberberg, Gewerke (Privatunternehmer) wie die Fugger verdienten sich eine goldene Nase. Bald trug

Bei der Konzeption der Swarovski-Kristallwelten in Wattens scheint André Heller ganz nach dem Motto seines Chansons „Die wahren Abenteuer sind im Kopf" vorgegangen zu sein (unten). Abermillionen Kristalle bringen das Innere der Kristallwelten zum Schillern. Klang- und Poesie-Installationen füllen die kristallinen Wunderkammern und den Kristalldom (rechts).
Rechte Seite: Aus der Turmstube des Haller Münzerturms geht der Blick auf Altstadt und Bergwelt.

Schwaz den respektvollen Namen „Aller Bergwerke Mutter“. Das Silber erlaubte den Landesfürsten rege Bautätigkeit und füllte die Kriegskasse von Kaiser Maximilian I.

Verblichener Glanz

Der einstige Glanz der Silberstadt ist verblichen. Andere altehrwürdige Innstädte sind selbst zu Kunstwerken geworden – wie Rattenberg, die kleinste Stadt Österreichs, oder Hall, wenige Kilometer östlich von Innsbruck, das sich gern als „heimliche“ Hauptstadt Tirols bezeichnen ließ und zeitweise reicher war als die Rivalin. Wodurch, das klingt schon im Namen an: „Hal“ ist das alte keltische Wort für Salz. Mit der Ausbeutung eines reichen Vorkommens im Halltal begann im 13. Jahrhundert der Aufstieg. 1303 folgte die Erhebung zur Stadt. Ihre Blütezeit setzte an, als Landesfürst Sigismund der Münzreiche 1477 die Münzprägung von Meran nach Hall verlegen ließ und die Erfindung des Haller Talers den Ausweg aus einer Währungskrise wies. Salzabbau und Münzprägung gehören längst der Vergangenheit an, die schöne Altstadt blieb erhalten.

Kunstwelten aus Kristall

Heute macht ein anderer Tiroler Stoff weltweit Furore. Der in Wattens ansässige Swarovski-Konzern setzt mit seinen Kreationen aus geschliffenem Kristall seit Jahrzehnten Maßstäbe in Sachen Schmuck, luxuriöse Accessoires und Lifestyle. Ein glänzendes Beispiel gelungener Selbstinszenierung lieferte der Familienbetrieb, als er zu seinem 100. Geburtstag im Jahr 1995 André Heller mit der Konzeption einer Kristallerlebniswelt beauftragte. Ein opulenter Rausch aus Farben und Tönen, Glitzern und Gleißen entstand, teils genial, teils kitschig, aber sehenswert! 2015 erfolgte eine Erweiterung des Glitzerimperiums, das jährlich rund 700 000 Besucher empfängt. Als neuer Blickfang im Außenbereich dient eine Wolken-Installation aus 800 000 handgesetzten Kristallen.

Alpine Gastlichkeit bestimmt
Mayrhofens Dorfkern.

Noch speist das Eis am Alpenhauptkamm den Schlegeis-Speicher im Zillertal. Angesichts des Klimawandels ist ungewiss, wie lange uns der Blick von der Gefrorenen Wand noch bleiben wird.

Gefrorene Wand nennt sich der als Sommerskigebiet erschlossene, zwischen 2500 und 3200 Meter hoch gelegene Zillertaler-Alpen-Gletscher über dem Tuxertal.

Die Dampflok „Tirol", Baujahr 1902, erfreut die Passagiere des Zillertalbahn-Nostalgiezuges zwischen Jenbach und Mayrhofen.

Special

Volksmusik

Heimat der „Schürzenjäger"

Bekannt ist das Zillertal nicht nur für seine Berge, Almen und Landschaften, sondern auch für seine Musiker. „Natursänger" aus dem Zillertal trugen das Weihnachtslied „Stille Nacht, heilige Nacht" in alle Welt.

Das Zillertal ist eine Hochburg der volkstümlichen Musik, und die spaltet die Geister: Entweder man mag sie oder man hasst sie. Dementsprechend steht man auch zur wohl erfolgreichsten Tiroler Band aller Zeiten, den „Schürzenjägern" (vormals „Zillertaler Schürzenjäger"), die mit ihrer Mischung aus gefälligen Texten, volkstümlichen Melodien und Popelementen zig Millionen Tonträger verkauft haben. Das traditionelle „Alpen-Air" in Finkenberg bescherte dem Tal regelmäßig einen Verkehrskollaps.

Fügener Alpenparty: einer der Zellberg Buam

Dass die Schürzenjäger 2007 nach einem letzten „Sierra Madre" der Bühne ade sagten, wollen die Fans gar nicht wahrhaben. Für die Erhaltung des Genres ist aber gesorgt. Um das Erbe der Schürzenjäger raufen die „Haderlumpen", Marc Pircher und andere. Es gibt fast keinen Tag, an dem nicht irgendwo in dem vierzig Kilometer langen Tal ein Grund zum Tanzen, Musizieren, Jodeln und Zusammensitzen gefunden wird.

Farbenrausch

Ein Wunder landschaftlicher Art stellt der Große Ahornboden am Ende des Rißtales dar. Wie uralte Wächter stehen Bergahorne einzeln und in kleinen Gruppen am Talgrund. Dazwischen tummeln sich Rinder, und im Hintergrund türmen sich Schuttkegel und Felsabstürze zu den für das Karwendel typischen Zacken und Kämmen. Der Altweibersommer ist die schönste Zeit für einen Besuch. Die klare Luft zieht die Felsarenen nah heran, und wenn Ende September die Laubfärbung einsetzt, tupft die Natur die Blätter in allen Tönen von Gelb bis Rot. Manche der Riesen haben 600 Jahre auf dem Buckel und damit ihre natürliche Lebensspanne erreicht. Um das anmutige Landschaftsbild auf Dauer zu erhalten, werden seit einigen Jahren wieder Bergahorne angepflanzt. Die dünne Besiedelung hat den Entschluss erleichtert, die Felswildnis großflächig unter Schutz zu stellen. Heute ist der Alpenpark Karwendel das größte Naturschutzgebiet der Nördlichen Kalkalpen. Die einzige Straße ins Herz des Karwendels führt über Bayern und bringt an manchen Tagen viele Ausflügler. Doch das Karwendel will eher erwandert als erfahren werden, etwa auf dem legendären, im Jahr 2009 wiederbelebten Karwendel-Marsch über 52 Kilometer von Scharnitz nach Pertisau.

KIACHL, KRAPFEN & CO.

Süßes Schlaraffenland – auf den zweiten Blick

Was in Tirol unter der Rubrik „Süßes" auf den Tisch kommt, hat längst nicht den Bekanntheitsgrad der „Klassiker" Knödel und Gröstl. Leider. Denn fast jede Köchin hat ihr gut gehütetes Geheimnis, das ihrer Kreation den besonderen Pfiff gibt. Das ist es, was die Erkundung der süßen Küche Tirols so interessant macht.

Wo Tiroler Bäuerinnen zusammenkommen, ist für süße Verführungen gesorgt. Wie etwa beim traditionellen Kirchtag im Tiroler Freilichtmuseum in Kramsach. Im Portner, einem typischen Wipptaler Hof aus dem 17. Jahrhundert, machen sie gerade Wipptaler Kirchtagskrapfen. Die Hauptsache ist die Füllung. „So wie sie bei uns gemacht werden", erklärt eine Bäuerin, „ist Topfen (Quark) drin, Dörrbirnen, Zucker, Zimt, Mohn und Zitrone. Es gibt aber mindestens zehn Varianten."

Ein paar Höfe weiter backen Bäuerinnen aus dem Ötztal ihre Krapfen in rechteckiger Form, und auch das Innenleben gestaltet sich völlig anders als zwei Täler weiter östlich. „Feigen und Dörrzwetschen, Marmelade, Nüsse und ein Stamperl Rum müssen hinein", lautet die Auskunft. „Aber man kann auch andere Sachen hineingeben – wie es gefällt." Fast weihnachtlich schmecken sie, die Ötztaler Krapfen. Rum wird hinzugefügt, weil sie dadurch weniger Fett aufsaugen.

Zu den süßen Varianten gibt es auch salzige Pendants. Im Wipptal sind es die Kaskrapfen (Käsekrapfen).

Die im Unterland geschätzten Kiachl werden oft mit Grantenmarmelade und Puderzucker serviert.

Auch bei den Kiachl, der einfachsten Form Tiroler Leckereien, gilt dieses Prinzip. Kiachl sind eher im Unterland verbreitet. Dazu wird ein Germteig (Hefeteig) so geformt, dass er an den Rändern gewölbt und in der Mitte dünn ist. Ist das Kiachl in heißem Fett dann goldgelb gebacken und abgekühlt, kommt beispielsweise ein Löffel Grantenmarmelade (Preiselbeeren) drauf und Puderzucker drüber. Oder Sauerkraut als pikante Beigabe.

Zu einer gewissen Bekanntheit hat es die Prügeltorte gebracht, eine Spezialität aus dem Brandenberger Tal im Tiroler Unterland. Ungewöhnlich ist die Zubereitung. Der „Prügel", eine mit Butterpapier umwickelte hölzerne Walze, dreht sich über dem offenen Feuer. Der aus Eiern, Mehl, Butter und Zucker zubereitete Teig wird Schicht für Schicht auf die Walze geträufelt, und zwar so lange, bis das Gebäck ein schönes Zackenmuster aufweist und goldbraun knusprig ist. Weil das Schauspiel so rustikal ist, wird die Prügeltorte bei Festen im Unterland mittlerweile auch vor Ort hergestellt.

Kann denn Süßes …

Im mittelalterlichen Städtchen Rattenberg ist die Familie Hacker in sechster Generation im süßen Gewerbe tätig. Aushängeschild der Konditorei ist die

Natürlich kommt es auf das rechte Maß an, doch angesichts solcher Köstlichkeiten ist man mit Kalorienzählen schlecht beraten!

Links: Das Auge isst mit – dieses Geheimnis haben Tiroler Köche und Köchinnen längst gelüftet, wie diese köstliche Dessertkreation beweist.

saftige Augustinertorte: „Eine Spezialität aus Nüssen, kandierten Früchten, Orangenmarmelade und Edelbitterschokolade", erklärt Konditormeister Reinhard Hacker.

... Sünde sein?

Da traditionelle Tiroler Süßspeisen gar nicht so einfach zu bekommen sind, empfiehlt es sich, bei Niggelen, Strauben, Kiachln und Krapfen ordentlich zuzulangen. Und sollten einem irgendwo Apfelkiachln, Schneemilch, Achentaler Bergschnallen, Weinnudeln, Kirschkoch oder Kletzenbrot begegnen: Kalorien vergessen, reinbeißen und genießen!

Süße Adressen

Prügeltorten Mader
Winkl 63, A-6233 Kramsach,
Tel. 05337/64977
www.pruegeltorten.at

Konditorei-Café Hacker
Südtiroler Straße 46, A-6240 Rattenberg,
Tel. 05337/623220
www.cafehacker.at

Konditorei Pichler
Sillian 6, A-9920 Sillian/Osttirol,
Tel. 04842/62550
www.pichler-sillian.at

Konditorei-Café Valier
Maximilianstraße 27, A-6021 Innsbruck,
Tel. 0512/586180
www.konditorei-innsbruck.at

Maßstab 1:330.000
0
3
6km
GARMISCH-PARTENKIRCHEN
Mittenwald
Seefeld in Tirol
INNSBRUCK
Hall in Tirol
Absam
Wattens
Schwaz
Jenbach
Rattenberg
Kramsach
Brixlegg
Achenpass
Achensee
Pertisau
Achenseestraße
Rofangebirge
Rofanspitze
Walchensee
Karwendel
Hinterautal
Birkkarspitze
Leutasch
Scharnitz
Axams
Götzens
Mutters
Natters
Igls
Patscherkofel
Matrei
Steinach am Brenner
Gries
Brennerpass
P.so del Brennero
Vipiteno Sterzing
Neustift im Stubaital
Fulpmes
Serles
Zuckerhütl
Zillertaler Alpen
Naturpark
Mayrhofen
Zell am Ziller
Zillertaler Höhenstraße
Rastkogel
Tuxer Alpen
Wattener Lizum
Olperer
Hintertux
Hochfeiler
Schlegeisspeicher
Val di Vizze
Pfitscher Tal
Campo Tures Sand i.Taufers
1
2
3
4
5
6
7

Mehr als „nur" eine der wichtigsten Alpenquerungen

Das Inntal zwischen Kufstein und Innsbruck ist seit uralter Zeit zentraler Lebensraum Tirols. Wer Ruhe und Erholung sucht, ist im Zillertal oder der Achensee-Region besser aufgehoben als im vielbefahrenen Inntal, das mit dem Wipptal eine der wichtigsten Alpenquerungen bildet.

❶ Rattenberg

Sein geschlossenes mittelalterliches Ortsbild macht die kleinste Stadt Österreichs (Stadtrecht 1393) zu einer der malerischsten Tirols. 400 Menschen leben in den restaurierten Häuserzeilen zwischen Inn und Burgfelsen.

SEHENSWERT
Imposant sind die im Inn-Salzach-Stil errichteten **Bürgerhäuser** an der Südtiroler Straße. Pittoresk wirken die **Nagelschmiedhäuser**, die aus dem Fels zu wachsen scheinen und heute ein Handwerkskunst-Museum beherbergen (Südtiroler Str. 33; Mai – Okt. tgl. 9.00 bis 18.00 Uhr, sonst kürzer). Bei **Kisslinger Kristall-Glas** kann man Glasbläsern zusehen (Südtiroler Straße 21; Mo.–Fr. 8.30 – 12.00, 13.00 bis 17.00 Uhr), und im **Augustinermuseum** sakrale Kunst bestaunen (Klostergasse 95, Tel. 0 53 37 / 6 48 31; Mai – Mitte Okt. 10.00 bis 17.00 Uhr).

UMGEBUNG
Der Museumsfriedhof in **Kramsach** lockt mit hinterfotzig-humorvollen Inschriften (Hagau 81; tgl. 9.00 –18.00 Uhr). Die **Reintaler Seen** nordöstl. Kramsach gehören zu den wärmsten Tirols. In der **Tiefenbachklamm** bei Brandenberg trifteten früher Holzknechte die Stämme aus dem Brandenberger Tal zum Inn.

INFORMATION
Tourismusverband Alpbachtal Seenland, Zentrum 1, A-6233 Kramsach, Tel. 0 53 36 / 2 12 00, www.alpbachtal.at

Nach der Erkundung der Tiroler Bauernhöfe bei Kramsach geht's in eine der vielen Käsereien!

> **Tipp**
>
> ### Tiroler Bauernhöfe
>
> Ein Fenster in die Vergangenheit sind 15 alte Bauernhöfe aus Nord-, Ost- und Südtirol, die samt Nebengebäuden und Dorfschule 3 km nordöstl. von Kramsach wieder aufgebaut wurden. Brotbacken, Filzen und der Kirchtag Ende September verleihen dem Ensemble Leben.
>
> **INFORMATION**
> Palmsonntag–Okt. tgl. 9.00 –18.00 Uhr; Angerberg 10, Kramsach, www.museum-tb.at

❷ Pertisau

Der Fremdenverkehrsort am ruhigen Südwestufer des Achensees ist schon seit 150 Jahren ein guter Ausgangspunkt für Urlauber – und ein Zentrum größtenteils gehobener Unterkünfte.

SEHENSWERT
Seit 1889 verbindet die **Achenseebahn** das Inntal mit dem 7 km entfernten See; die älteste Dampf-Zahnradlokomotive der Welt keucht in 45 Min. von 570 m bei Jenbach auf 930 m Seehöhe bei Maurach. Gegen allerlei Übel helfen soll das aus Ölschiefer gewonnene Tiroler Steinöl (Museum im Ort; 9.00 –17.30 Uhr).

AKTIVITÄTEN
Der beinahe 10 km lange **Achensee** ist vielen zum Baden zu kalt; dafür lässt er Segler und Windsurfer jubeln. Erkunden lässt er sich mit der Achensee-Flotte (Achenseeschiffahrt, A-6213 Pertisau, Tel. 0 52 43 / 5 25 30, www. tirol-schiffahrt. at; Mai – Okt.). Stolze 500 km **Wanderwege** führen ins Rofan- und Karwendelgebirge; beliebt ist der Weg von Pertisau zur Gaisalm, wo man aufs Schiff umsteigen kann. Vom Bärenkopf (Bergbahn von Pertisau) bieten sich schöne Panoramen.

HOTEL
Historische Bausubstanz und moderne Architektur gehen im **€ € € € Fürstenhaus** eine gelungene Verbindung ein (A-6213 Pertisau, Tel. 0 52 43 / 5 44 20, www.travelcharme.com/ fuerstenhaus).

RESTAURANT
Der **€ € Gasthof St. Hubertus** am See bietet neben Zimmern mit Seeblick auch gute Fisch- und Wildgerichte (Pertisau 2, Tel. 0 52 43 / 52 33, www.hubertus-achensee.at).

UMGEBUNG
Der **Sixenhof** dokumentiert die bäuerliche Vergangenheit der Seeregion (Achenkirch 29; Mai–Okt. 13.00–17.00 Uhr). Das von Inntal und Achensee begrenzte Rofangebirge umschließt ein ca. 1500 m hohes Plateau.

INFORMATION
Tourismusverband Achensee, Rathaus 387, A-6215 Achensee, Tel. 0 52 46 / 53 00, www.achensee.com

3 Zell am Ziller

Das Zillertal ist eine der meistbesuchten Ferienregionen Tirols. Im Sommer ist Wandern angesagt (1000 km Routen), im Winter erschließen Seilbahnen einige der größten Alpen-Skigebiete bis auf 3200 m Höhe. Zell am Ziller (2000 Einw.), einst Mittelpunkt des Goldbergbaus im Tal, ist heute Verwaltungszentrum.

MUSEEN
Das **Goldschaubergwerk** folgt den Spuren des Goldbergbaus (Hainzenberg 73; Mai–Okt.). Der Museumsverein Zillertal hat um den Ental-Hof ein sehenswertes **Regionalmuseum** geschaffen (Unterdorf; Mitte Juni–Anf. Okt. Mo.–Fr. 10.00–16.00 Uhr).

AKTIVITÄTEN
Jenbach bis Mayrhofen – Eisenbahnfans ist die 32 km lange Trasse der 1902 eröffneten **Zillertalbahn** bestens bekannt; Nostalgiker können den Dampfzug nehmen (Juni–Mitte Okt. Mi. bis So., www.zillertalbahn.at). Auf dem **Radweg** den Ziller entlang lässt sich das Tal in Ruhe erkunden (40 km). Anspruchsvoll ist die Ende Mai bis in den Okt. geöffnete, mautpflichtige **Zillertaler Höhenstraße** (48 km).

HOTEL UND RESTAURANT
Der 500 Jahre alte **€ € Gasthof Bräu** besticht durch wunderschöne Gaststuben und seine Tiroler Küche (Dorfplatz 1, A-6280 Zell im Zillertal, Tel. 0 52 82 / 23 13, www.hotel-braeu.com).

UMGEBUNG
Attraktive Wanderwege bieten die Seitentäler des Gerlostals, das nach Osten führt. Schon im Salzburgischen liegen die berühmten **Krimmler Wasserfälle** (Wanderweg).

INFORMATION
Zillertal Tourismus GmbH, Bundesstraße 27 d, A-6262 Schlitters, Tel. 0 52 88 / 8 71 87, www.zillertal.at, www.zillertalarena.com

Tipp

Graukäse ...

... ist eine Spezialität Tirols, und der aus dem Zillertal ist der bekannteste. Im Gegensatz zu anderen Magersorten hat Graukäse Geschmack: Säuerlich und nicht jedermanns Sache zwar, doch eine Kostprobe ist er allemal wert. In der Erlebnissennerei Zillertal kann man zusehen, wie Grau- und Bergkäse hergestellt werden. Kindern bringt der 2015 eröffnete Schaubauernhof das Landleben näher.

ERLEBNISSENNEREI
Tgl. 10.00–15.00 Uhr; Hollenzen 116, Mayrhofen, Tel. 0 52 85 / 6 27 13, www.sennerei-zillertal.at

4 Mayrhofen

Der bereits um 1200 genannte Ort (3800 Einw.) ist die touristische Drehscheibe des Zillertals. Im Winter schwillt die Einwohnerzahl auf ein Vielfaches an, im Sommes ist es ruhiger.

AKTIVITÄTEN
Schöne Ausblicke auf die Zillertaler Alpen hat man vom **Penken** (4 km westl.; Penkenbahn seit 1954). Für konditionsstarke Wanderer eignet sich der **Berliner Höhenweg** in das Herz des Gebirgszugs (6 Tage, gut 70 km), benannt nach der 1879 eröffneten Berliner Hütte.

RESTAURANT
Mehr Zillertaler Spezialitäten als beim **Griena** findet man nirgends (Dorf Haus 768, Tel. 06 64 / 4 87 12 92; tgl., Sommer Di. geschl.).

UMGEBUNG
Im Bergsteigerdorf **Ginzling** (10 km südl.) ist das Besucherzentrum des **Naturparks Zillertaler Alpen** angesiedelt. Gletscher und Dreitausender wie der Hochfeiler (3510 m) bilden die Kulisse des 372 km² großen Schutzgebiets (www.naturpark-zillertal.at). Hauptattraktion des **Tuxertals** ist der Hintertuxer Gletscher mit dem einzigen Ganzjahresskigebiet Österreichs. Der „Gletscherbus 3“ führt (barrierefrei) auf eine Höhe von 3250 m und erschließt eine atemberaubende Fernsicht bis zu Großglockner und Zugspitze (www.hintertuxergletscher.at). Mitte Sept. sollte man sich den **Finkenberger** Schaf- und Haflinger-Almabtrieb nicht entgehen lassen.

Karwendel-Panorama mit Falkenhütte

INFORMATION
Zillertal Tourismus GmbH, Bundesstraße 27 d, A-6262 Schlitters, Tel. 0 52 88 / 8 71 87, www.zillertal.at

5 Matrei am Brenner

Das Wipptal ist eine der wichtigsten Routen über die Alpen. Davon haben Orte wie Matrei (1000 Einw.) jahrhundertelang gut gelebt.

SEHENSWERT
Der Talhauptort hat einen geschlossenen **Kern** mit reich dekorierten Bürger- und Gasthäusern.

UMGEBUNG
In Steinach bietet ein 2016 eröffnetes Infocenter spannende Einblicke und Einfahrten in den **Brenner Basistunnel** (www.wipptal.at/wipptal-erleben/tunnelwelten/). Bungee-Jumper schätzen die 192 m hohe, 1963 fertiggestellte **Europabrücke** (12 km nördl.), die das Wipptal überspannt (www.europabruecke.at; Mai–Okt. Sa., So.). 2007 hauchte ein neues Factory Outlet Center dem einstigen **Brenner-Grenzübergang** neues Leben ein.

INFORMATION
Tourismusverband Wipptal, Brennerstraße 67, A-6150 Steinach, Tel. 0 52 72 / 62 70, www.wipptal.at

6 Hall in Tirol

Vor allem die hervorragend erhaltene Altstadt zieht Besucher an. Salzabbau (13. Jh. bis 1967) und Münzprägung (1477–1809) machten Hall (11 500 Einw.) über Jahrhunderte zu einer der reichsten Städte Tirols (Stadtrecht 1303).

SEHENSWERT
Eines der schönsten Gebäude am Oberen Stadtplatz ist das gotische **Rathaus** (15. Jh.). Schön ausgestattet ist auch die benachbarte **Stadtpfarrkirche St. Nikolaus** (13.–15. Jh.).

»Berge sind stille Meister und machen schweigsame Schüler.«

Johann Wolfgang von Goethe

MUSEEN
In Hall wurde der (Silber-)Guldiner erfunden – **Burg Hasegg** (um 1300 erwähnt) ist heute **Münzmuseum** (www.muenze-hall.at; April bis Okt. Di.– So. 10.00 –17.00 Uhr, sonst nur Di. bis Sa.). Mit dem Salzabbau befasst sich das **Bergbaumuseum** (Fürstengasse 1; Führungen Mo., Do., Sa. 11.30 Uhr).

UMGEBUNG
Die **Swarovski Kristallwelten** TOPZIEL in Wattens (östl.) sind die meistbesuchte Attraktion Tirols (http://kristallwelten.swarovski.com; 8.30 –18.30, Juli/Aug. bis 22.00 Uhr). Bei **Volders** (östl.) steht neben der Autobahn die Karlskirche (17. Jh.), von Kritikern als „bemaltes Osterei" bezeichnet.

INFORMATION
Tourismusverband Region Hall,
Wallpachgasse 5, A-6060 Hall in Tirol,
Tel. 0 52 23 / 45 54 40, www.hall-wattens.at

7 Schwaz

Vom einstigen Prachtglanz der Silberstadt (15.–17. Jh.) ist in der heutigen Industriestadt (12 700 Einw.) nicht mehr viel zu spüren.

MUSEUM
Das **Silberbergwerk** (2 km östl.) zeigt die Arbeit unter Tage (Alte Landstraße 3 a, www.silberbergwerk.at; Sommer 9.00 –17.00, sonst 10.00 – 16.00 Uhr).

AKTIVITÄTEN
Von Stans bei Schwaz führt ein eindrucksvoller Weg durch die wilde **Wolfsklamm** zum ältesten Wallfahrtsort Tirols, dem 1000-jährigen **Felsenkloster St. Georgenberg**.

UMGEBUNG
Schloss Tratzberg TOPZIEL (5 km nordöstl.) verfügt als einziges Tiroler Schloss über eine originale Einrichtung. Um 1500 spätgotisch erbaut und im Renaissancestil erweitert, diente der Prachtbau Kaiser Maximilian I. als Jagdsitz (www. schloss-tratzberg.at; Führungen April bis Okt. tgl. 10.00 –16.00/17.00 Uhr). Felsabstürze und wild gezackte Kammlinien bestimmen das Bild des **Karwendelgebirges** (www. karwendel.org); die einzige Straße in den Zentralteil führt über Bayern nach **Hinterriß**. Dort informieren das Naturparkhaus (Führungen Mi.– Fr.) über den grenzübergreifenden Alpenpark Karwendel und seine Bewohner (Tel. 0 52 45 / 2 89 14, Mai – Okt. 9.00 – 17.00 Uhr). Am Ende des Alpenparks weitet sich das Rißtal zum **Großen Ahornboden**. Ein 2010 eröffneter Themenweg führt durch die einzigartige, im Altweibersommer besonders schöne Natur- und Kulturlandschaft (www.ahornboden.com).

INFORMATION
Tourismusverband Silberregion Karwendel,
Münchnerstraße 11, A-6130 Schwaz,
Tel. 0 52 42 / 6 32 40, www.schwaz.at,
www.silberregion-karwendel.at

Genießen Erleben Erfahren

DuMont Aktiv

Sattelfest im Karwendel

Mit seiner herben Schönheit und dem anspruchsvollen Terrain zählt das Karwendelgebirge zu den Lieblingen jedes Bergradlers. Zwei besonders schöne Touren beginnen in Hinterriß.

Das Johannestal im Herzen des Karwendelgebirges birgt an seinem Ende ein einzigartiges Naturjuwel: den Kleinen Ahornboden. Der Anstieg ist mäßig und lässt auch weniger fitten Bergradlern die Zeit, das immer großartiger werdende Panorama zu genießen, bis sie zuletzt staunend in einem alpinen Amphitheater auf 1400 Meter Höhe ausrollen. Eine weite Almfläche mit uralten Ahornbäumen bildet die Bühne, Hunderte Meter hohe Kalkwände die Kulisse. Wer Reserven hat, der nimmt die 500 Höhenmeter zur Falkenhütte in Angriff und wird mit einem wahrhaft unvergleichlichen Panorama auf die Laliderer-Wände für die Wadenkrämpfe entschädigt.

Atemberaubend gestaltet sich das Wechselspiel zwischen schroffem Fels und lieblichen Almen in der Eng am östlichen Ende des Rißtals. Hier liegt der Große Ahornboden, der wie sein kleiner Bruder im Spätherbst, zur Laubfärbung, einen Hauch von „Indian Summer" nach Tirol bringt. 15 Kilometer sind es von Hinterriß; tüchtig in die Pedale treten muss man auch auf dieser Tour nicht. Trotzdem sollte man im Almdorf, wo seit 2017 der „Spielschatz Eng-Alm" den Kleinen das Almleben von einst näherbringt, unbedingt von dem würzigen Engalm-Käse kosten. Am Wochenende ist die als Zubringer benötigte Mautstrecke in der Regel stark befahren.

Weitere Informationen

Details zu diesen und 40 weiteren Touren im Montainbike-Guide des **Tourismusverbandes Silberregion Karwendel** (Adresse links bei Schwaz). Infos über den **Alpenpark Karwendel** unter www. karwendel.org

Goldener Herbst: Wenn sich das Laub zu färben beginnt, ist die beste Zeit für Radtouren im Großem und Kleinen Ahornboden gekommen.

Berg und Raum

Das Nebeneinander von urbanem Raum und rauer Bergwelt ist das Markenzeichen von Innsbruck. Kaum mehr als eine halbe Stunde benötigt der Innsbrucker, um vom Goldenen Dachl mitten in der Altstadt auf die mächtige Nordkette zu gelangen. Die Freizeitqualität der Stadt im Gebirge ist legendär. Neu ist hingegen, dass die Landeshauptstadt sich auch mit moderner Architektur einen Namen macht und in puncto Lebenslust gegenüber anderen österreichischen Städten aufholt.

Blick auf die beeindruckend gut erhaltene Altstadt von Innsbruck, dank seiner zentralen Lage eine „Weltstadt im Gebirge"

Innsbrucks Altstadt ist reich an Sehenswürdigkeiten. Im Jahr 1730 erhielt das Helblinghaus (oben links) seinen barocken Fassadenschmuck. Darunter das Goldene Dachl, Innsbrucks Wahrzeichen, ein mit 2657 feuervergoldeten Kupferschindeln gedeckter Prunkerker an der ehemaligen Residenz der Tiroler Landesfürsten Friedrich IV. und Sigmund der Münzreiche. Bereits im Jahr 1706 wurde die Annasäule in der Maria-Theresien-Straße errichtet (rechts oben). Die „Schwarzen Mander" in der Hofkirche sind die Statuen von acht Frauen und zwanzig Männern, die bedeutend genug erschienen, dem Kaiser das letzte Geleit zu geben.

Zu den Rathausgalerien gehört das „Café 360°" mit Blick auf die ganze Stadt.

Tirol war für den Habsburger Herrscher Maximilian I. eine „Geldbörse, in die man nie umsonst greift".

Innsbruck, im Mai 2017. Einmal mehr hat der Boulder-Weltcup die besten Athleten der Welt an den Inn gebracht. Eine riesige Kletterbühne ist in der Olympiaworld errichtet worden. Tausende Fans sind live dabei, wenn die Athleten aus 35 Ländern katzengleich die Wand hocheilen. Den Zuschauern stockt der Atem. Denn die Leistungen der Profis scheinen ein Ding der Unmöglichkeit. Sie schwingen sich über Felsvorsprünge, hängen sekundenlang mit ihrem gesamten Körpergewicht an wenigen Fingern und ziehen sich an fast glatten Wänden hoch, ohne Seil und ohne Klettergurt. Tosender Applaus wogt durch die Reihen, wenn eine Route „geflashed" wird – d.h. in einem Zug durchklettert. Und wenn die Österreicher nicht vorne liegen – halb so schlimm. Beim Bouldern geht es ebenso sehr um Party und Lebensgefühl – und dafür ist die „Weltstadt im Gebirge" der denkbar beste Ort.

Hauptstadt der Panoramen

In keiner anderen großen Alpenstadt fällt der Einstieg ins Hochgebirge so leicht. Sektion I der Nordkettenbahn führt vom Rand der Altstadt über den Inn zur Hungerburg. Mit der Panorama-Gondelbahn hinauf zur Seegrube entschwebt man der Stadt endgültig und landet in hochalpinem Terrain. Und Sektion III zum Hafelekar erschließt hervorragendes Klettergebiet. In einer halben Stunde von 560 auf 2256 Meter Höhe oder vom Büro in die Freizeitarena – das macht den Innsbruckern keiner nach. So mancher gerät da ins Schwärmen: „Die Luft war ganz rosenfarben, die mit Schnee bedeckten Berge sahen aus wie glänzende Silberwolken, und so wie der rote Schimmer aus der Luft verschwand und diese sich immer tiefer im reinsten Blau färbte, lagerte sich Nacht auf die Täler; die Lichter der Stadt erglänzten, als läge unter uns ein Sternenhimmel," so Hans Christian Andersen, der vor rund 150 Jahren auf Innsbruck hinabblickte – eine Hauptstadt der Panoramen.

Besonders dramatisch ist der Blick von der Nordkette auf die Stadt. Das Auge schweift weiter zum Sonnenplateau und zum kahlen Patscherkofel im Süden. Im Hintergrund verheißt die Europabrücke einen Abstecher ins Land, wo die Zitronen blühen. Nicht minder spektakulär ist das „Gegenpanorama" auf die Felswildnis der Nordkette und die Schlingen des Inn, die sich in der Ferne verlieren.

Maximilian der I.

Mit der Wahl von Maximilian I. zum Tiroler Landesfürsten im Jahr 1490 betrat Innsbruck die Weltbühne. Der Habsburger kannte und liebte das „Land im

Das prachtvolle Schloss Ambras (oben; unten links der Spanische Saal, unten rechts das Antiquarium) wurde einst für die Welsertochter Philippine aus Augsburg ausgebaut. Seine kulturhistorische Bedeutung ist untrennbar verbunden mit Erzherzog Ferdinand II. (1529 – 1595), der Wissenschaft und Künste förderte und für seine berühmten Ambraser Sammlungen eine eigene Museumsanlage errichten ließ.

Klangspezialist: Glockengießerei Grassmayr

500 Jahre alte Stube im Volkskunstmuseum

Special

Andreas Hofer und die Tiroler Schützen

Der bärtige Freiheitsheld

Der Tiroler Freiheitskampf gegen die Franzosen jährte sich 2009 zum 200. Mal. 2018 gedenkt das offizielle Tirol des Kriegsendes vor 100 Jahren, das schließlich zur Abtretung Südtirols an Italien führen sollte. Ganz vorn dabei im Gedenkreigen: die Tiroler Schützen in ihren farbenprächtigen Uniformen.

Unter Andreas Hofer erhoben sich die Tiroler 1809 gegen die Bayern und die mit ihnen verbündeten Franzosen, die seit vier Jahren das Land beherrschten. Vom fernen Wien mit warmen Worten statt mit tatkräftiger Hilfe versehen, hielten die Tiroler Verbände den militärisch überlegenen Gegner lange Zeit in Schach und zogen kurzfristig sogar in die Innsbrucker Hofburg ein. Dann kam in der vierten Bergisel-Schlacht die Niederlage. Der Rebellenführer aus dem Südtiroler Passeiertal fiel durch Verrat in Feindeshand und wurde 1810 in Mantua erschossen.

Innsbrucker Schützen: Hüter der Tradition

Bis heute ist Andreas Hofer die Identifikationsfigur der Tiroler Geschichte. Im Stadtbild ist der bärtige Held omnipräsent: Am Bergisel erinnert ein riesiges Denkmal an den Freiheitskampf und Gedenktafeln verweisen darauf, wo Hofer gegessen, geschlafen und Ansprachen gehalten hat. Sein Leichnam ist in der Hofkirche beigesetzt. Eine Schlüsselrolle im Gedenkreigen spielen die in Vereinen organisierten Schützen.

Gebirge“ schon seit seiner Jugend und begann die Stadt am Inn zu einem Zentrum seines Reiches zu formen. Ein ehrgeiziges Bauprogramm verwandelte ihr Antlitz. Das Goldene Dachl symbolisiert wie kein anderes Bauwerk das „Goldene Zeitalter“ Tirols. In der aufgemöbelten Hofburg machten Adelige und Gesandte aus ganz Europa dem römisch-deutschen König und späteren Kaiser ihre Aufwartung. Hier, in seiner Lieblingsresidenz, legte er durch geschickte Diplomatie und Heiratspolitik den Grundstein zum Weltreich der Habsburger und zog von hier aus oft in den Krieg. Mit dem Zeughaus ließ der „letzte Ritter und erste Kanonier“ in Innsbruck eines der größten Waffenlager Europas errichten.

Unvollendeter Traum

Tirol war für den Habsburger Herrscher eine „Geldbörse, in die man nie umsonst greift“. Silber und Salz finanzierten seine luxuriöse Hofhaltung, die Kunstaufträge, die sein Andenken für die Nachwelt erhalten sollten, und seine Kriege. Doch der Liebe zu dem „Land im Gebirge“, das er kreuz und quer bereiste, bejagte und befischte, war kein gutes Ende beschieden. Wegen hoher Schulden wiesen die Wirte das kaiserliche Gefolge ab, als der bereits vom Tod gezeichnete Herrscher 1519 in Innsbruck

Edelweiß im Alpengarten am Patscherkofel

Innsbruck im Fokus: Blick vom Patscherkofel auf die Stadt und die Nordkette

Den Ausblick über die ganze Stadt kann man auf der Bergisel-Schanze genießen.

Nicht nur schmusig: junge Luchse im Alpenzoo

Station machen wollte. Verbittert zog er weiter, starb bei Wels und wurde in Wiener Neustadt beigesetzt. Das monumentale Grabmal in der Hofkirche, umgeben von den „Schwarzen Mandern", blieb leer, und der Traum, Innsbruck zum Zentrum eines Weltreichs zu machen, unvollendet.

Steinernes Geschichtsbuch

Das gesellschaftliche Leben spielte sich zur Zeit von Kaiser Max vor dem Goldenen Dachl ab. Praktisch jedes Gebäude an der Herzog-Friedrich-Straße verfügt über einen Erker mit Blick zum „Erker aller Erker", wo Maximilian I. Huldigungen entgegennahm und Ritterspiele verfolgte. In Reliefs und Wandmalereien klingen Hufgeklapper und das Aufeinanderprallen von Schwert und Schild noch nach. Die Altstadt ist ein steinernes Geschichtsbuch. Hier erzählt ein Fresko von einem Zwerg und einem Riesen, die einst dem Hofstaat angehörten, dort kündet eine Inschrift davon, wer anno 1809 die Verköstigung der Freiheitskämpfer unter Andreas Hofer besorgte. Und die altehrwürdigen Gasthöfe der Altstadt lassen es sich nicht nehmen, ihre prominenten Gäste stolz auf blank polierten Tafeln aufzuführen. Der „Goldene Adler" bot Johann Wolfgang Goethe Kost und Logis, das „Weiße Kreuz" kontert mit Wolfgang Amadeus Mozart. Die VIP-Listen reichen bis in die Gegenwart. Heute konkurrieren die Traditionsgaststätten mit Cafés, In-Treffs und Beisln. Vor allem Studenten sorgen für städtische Verjüngung. Aus den Landtagswahlen 2013 gingen in der Stadt Innsbruck die Grünen als stärkste Kraft hervor.

Modernes Bauen

Seit einigen Jahren ist Innsbruck auch für experimentierfreudige Baukunst bekannt. Die britisch-irakische Stararchitektin Zaha Hadid (1950–2016) hat den Tirolern mit der Bergisel-Skisprungschanze und den Stationen der Hungerburg-Bahn gleich zwei neue schlagkräftige Wahrzeichen beschert (siehe Unsere Favoriten S. 78). Modernste Architektur in historischem Ambiente – das verträgt sich hierzulande hervorragend. Und für so hochgelobte Wahrzeichen tat Innsbruck gut daran, auf den Status des UNESCO-Weltkulturerbes zu verzichten.

Die Wunderkammer

Weiß leuchtet im Südosten der Landeshauptstadt das Renaissanceschloss Ambras. Erzherzog Ferdinand II. brachte dort Mitte des 16. Jahrhunderts seine nicht standesgemäße Ehefrau Philippine Welser unter, ebenso eine Sammlung merkwürdiger Objekte, die heute den Kern der Kunst- und Wunderkammer bilden. Samurairüstungen aus Japan fanden ihren Weg nach Tirol, ausgestopfte Haie, Plateauschuhe aus Mailand, ein Bildnis von Graf Dracula, ein „Fangstuhl" mit Greifmechanismus und vieles andere, was exotisch, bizarr oder handwerklich brillant war. Nicht zu vergessen die Rüstkammern mit ihren auf Hochglanz polierten Harnischen, der Spanische Saal mit prächtigen Kassettendecken, die Fresken im Innenhof des Hochschlosses und die Habsburger-Porträtgalerie. All das eingebettet in einen Landschaftspark im englischen Stil, in dem Pfauen der alten Zeiten gemahnen.

> „ … als läge unter uns ein Sternenhimmel."
>
> Hans Christian Andersen

INTERVIEW

„Bunter Hund" aus Tirol

Der Mundartdichter und Autor Hans Haid ist einer der profiliertesten Querdenker Tirols. Gern nutzt er seine Sprachgewalt, um über den Massentourismus zu wettern und vor Kraftwerksplänen der Energiewirtschaft zu warnen. Haid ist aber noch viel mehr: Volkskundler, Alpenforscher und Umweltaktivist.

Hans Haid vor den Bergen seiner Ötztaler Heimat. In seinem Geburtsort Längenfeld hat der streitbare Autor heute wieder seinen Lebensmittelpunkt, hier schreibt er und betreut sein Ötztal-Archiv.

Von der Sagenwelt des Ötztals über pointierte Tourismuskritik bis zu einer Kulturgeschichte des Schafs reicht das Spektrum von Hans Haids Publikationen. Zu den jüngsten Werken zählt eine CD mit Poesie im Ötztaler Kulturerbe-Dialekt, die er mit dem Liedermacher Marlon Prantl herausgebracht hat. In Längenfeld widmet er sich dem Ötztal-Archiv, erzählt der auf die 80 zugehende Autor; und auch sonst habe er einiges vor.

Prof. Dr. Haid, wenn man Ihre Internetseiten besucht, gewinnt man den Eindruck, Sie seien ein Hansdampf in allen Gassen. Wie definieren Sie sich in erster Linie? Schon als Schriftsteller und Volkskundler. Außerdem bin ich noch Poet, Manager, Organisator und vieles andere, also eigentlich ein bunter Hund.

Sie haben viel über die Gletscher Ihrer Heimat publiziert. Heutzutage schmelzen die Alpengletscher ja rasant. Es wird prognostiziert, dass es bis 2050 keine mehr geben könnte. Wie wird sich der Charakter Ihrer Heimat ändern? Der wird sich radikal ändern. Die Täler werden austrocknen, zum Teil unbewohnbar werden. Bereits jetzt sind die Vorboten des Klimawandels spürbar. Bäche, die bis August Wasser führten, sind heute Ende Mai ausgetrocknet. Eine riesige Gefahr stellt das Auftauen des Dauerfrostbodens dar. Es wird mehr Muren [Schlamm- und Steinlawinen] geben. Am schlimmsten wird jedoch der Rückgang der Wasserreserven sein; spüren wird man dies bis hinauf nach München. Dass man im Zuge des Massentourismus in die höchsten Hochgebirgsregionen gebaut hat, verschärft die Problematik. Ich habe stets vor bestimmten Nutzungen des Gletschers gewarnt, zum Beispiel durch den Sommerskilauf. Da geht Dreck in das Eis und wird gespeichert.

Was bedeutet das für den Tourismus? Für den Sommertourismus ist der Klimawandel eine große Chance. Anstatt ans kaputte Mittelmeer zu reisen und Gluthitze zu ertragen, werden die Menschen eher die „klimatisierten" Bergregionen besuchen ...

Sie kritisieren immer wieder den „harten Tourismus", wie er im Winter mancherorts in Tirol stattfindet. Wenn man in einem ökologisch so sensiblen Naturraum lebt wie dem Hochgebirge, muss man mit den Ressourcen besonders vorsichtig umgehen. Deshalb warne ich auch so vor der Erschließung der letzten Gletscher für den Sommerskilauf, wie jetzt am Gepatsch-Ferner [im benachbarten Kaunertal] wieder geplant. Man will die Natur überwinden, nachdem man sich ihr jahrtausendelang gebeugt hat! Das ist ein Sakrileg. Es ist ein Denken nach dem Prinzip: Alles ist machbar, wir können alles kaufen. Umso wichtiger ist es, zu erkennen, wo die Grenze ist. Mit vielen

Hans Haid sieht Gipfelstürmer kritisch. Er ist umgeben von Bergen – Informationsbergen in seinem Arbeitszimmer.

Hans Haid

1938 als ältestes von sechs Bergbauernkindern in Längenfeld im Ötztal geboren, zog Hans Haid in jungen Jahren nach Wien. Mit dreißig begann er ein Volkskundestudium, das er 1974 abschloss. Seither widmete er sich gemeinsam mit seiner Frau, der 2012 verstorbenen Volksmusikforscherin Dr. Gerlinde Haid, den Mythen und der authentischen Musik seiner Heimat. Das Brauchtum im Ötztal und seine tourismusbedingten Veränderungen waren schon Gegenstand seiner Dissertation. 2010 erhielt Hans Haid den Otto-Grünmandl-Literaturpreis.
www.cultura.at/haid, www.tyroll.at/

Diskussionen haben wir da schon einiges erreicht.

Sind Sie allgemein gegen Tourismus? Nein! Ich bin für einen ökologisch und sozial verträglichen Tourismus. Tourismus ist unsere wichtigste Säule, es muss aber mehrere Säulen geben, keine Abhängigkeit zu 98 Prozent.

Sie haben das Ötztaler Heimatmuseum mitgegründet. Existiert dieses „alte" Tirol denn noch? Nur mehr ganz vereinzelt. Das Herzeigen dessen, was es früher gegeben hat, macht auch Sinn, wenn man eine Brücke zum Heute schafft. Anders verhält es sich mit dem Tiroler Volkskunstmuseum in Innsbruck. Das darf ruhig eine konservierte Stätte sein. Die ungeheure Kultur, die die Tiroler in ihrer Armseligkeit gehabt haben, muss man optimal darstellen!

In Tirol ecken Sie mit Ihrer Kritik am Massentourismus oft an. Im Jahr 2007 hat Ihnen aber der österreichische Bundespräsident den Ehrentitel „Professor" verliehen. Was bedeutet Ihnen diese Ehrung? Die Anerkennung aus Wien ehrt mich sehr. Man hat überlegt, wie man mich bezeichnen soll. Und ist auf „Kulturvermittler" gekommen. Das bedeutet mir sehr viel.

Welche Publikationen planen Sie? Zum einen forsche ich über die Besiedelung in diesem Teil der Alpen. Da gibt es Belege, die auf eine kulturelle Nutzung vor 10 000 Jahren, also weit vor Ötzi, hindeuten. Mein zweites Vorhaben dreht sich um die „braunen Flecken" im Ötztal und den wenig bekannten Ötztaler Widerstand. Ich bin ja 1938 wenige Tage vor dem „Anschluss" Österreichs an Nazi-Deutschland geboren. Vielleicht geht sich eine Veröffentlichung zu meinem 80er im Februar 2018 aus! Dann soll auch Band 1 einer auf drei Teile angelegten Werkausgabe erscheinen.

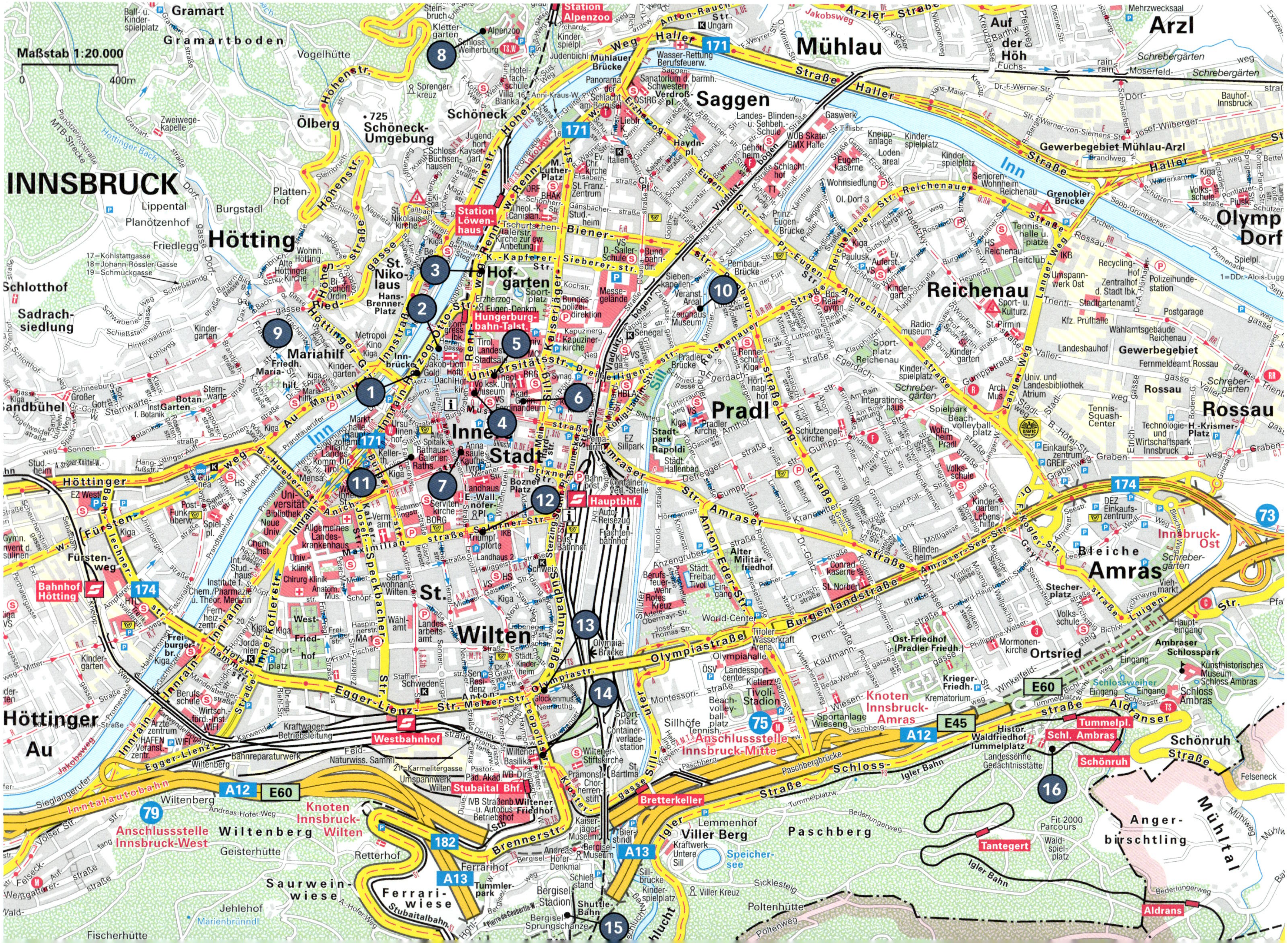

INNSBRUCK
Maßstab 1:20.000
0
400m
Arzl
Mühlau
Saggen
Hötting
Reichenau
Pradl
Innere Stadt
St. Wilten
Amras
Rossau
Olymp Dorf
Mariahilf
Hofgarten
St. Nikolaus
Schöneck
Ölberg
Gramart
Gramartboden
Vogelhütte
Höttinger Au
Sadrach-siedlung
Schlotthof
Lippental
Planötzenhof
Friedlegg
Burgstadl
Platten-hof
Ortsried
Bleiche
Paschberg
Mühltal
Anger-birschtling
Schönruh
Viller Berg
Lemmenhof
Saurwein-wiese
Ferrari-wiese
Wiltenberg
Gewerbegebiet Mühlau-Arzl
Gewerbegebiet
Station Alpenzoo
Station Löwenhaus
Hungerburg-bahn-Talst.
Hauptbhf.
Westbahnhof
Stubaital Bhf.
Bahnhof Hötting
Bretterkeller
Tummelpl.
Schl. Ambras
Schönruh
Tantegert
Aldrans
Knoten Innsbruck-Amras
Knoten Innsbruck-Wilten
Anschlussstelle Innsbruck-Mitte
Anschlussstelle Innsbruck-West
Innsbruck-Ost
A12
A13
E45
E60
171
174
182
1
2
3
4
5
6
7
8
9
10
11
12
13
14
15
16
73
75
79
Inn
Sill
Inntalautobahn
Igler Bahn

„Weltstadt" im Gebirge

Eine beeindruckende Altstadt mit barocken Kirchen und Palästen, mittendrin das Goldene Dachl – das ist die eine Seite der Tiroler Landeshauptstadt. Doch Innsbruck bietet auch Zeitgenössisches: Theater, Musik und Festspiele spiegeln die Kultur unserer Tage, und das Freizeitangebot lässt keine Wünsche offen.

Allgemein

Die Sehenswürdigkeiten der 120 000-Einwohner-Stadt konzentrieren sich auf Altstadt und Bergisel. Archäologische Funde belegen eine mindestens 3000 Jahre alte Besiedlung des Innsbrucker Beckens. Wo die Straße vom Brenner das Inntal erreicht, errichteten die Römer das Kastell Veldidena (heute Wilten), das im 6. Jh. zerstört wurde. Als „Insprucke", also als Brücke über den Inn, wurde der Ort 1187 erstmals erwähnt (Stadtrecht um 1200). 1420 verlegte man die landesfürstliche Residenz von Meran an den Inn (bis 1665). Eine Blütezeit erlebte Innsbruck unter Maximilian I. – die Hofburg wurde fertiggestellt, das Goldene Dachl errichtet. Nach seinem Tod 1519 ging es mit der Bedeutung bergab. Dennoch gründete man dort 1669 die heute drittgrößte Universität Österreichs. 1849 löste Innsbruck Meran als Landeshauptstadt ab. Mit dem Bau der Eisenbahn durchs Inntal setzte ab 1850 der Tourismus ein. 1964 und 1976 war Innsbruck Austragungsort der Olympischen Winterspiele, 2008 einer der Spielorte der Fußball-EM. 2012 richtete Innsbruck die 1. Olympischen Jugendwinterspiele aus. Im September 2018 finden in Tirol die Straßenrad-Weltmeisterschaften statt – mit zwölf Wettbewerben, die alle in Innsbruck enden.

Tipp

Innsbruck günstig

Sie ist ein „Sesam, öffne dich" zu den Schätzen der Landeshauptstadt und spart viel Geld: die Innsbruck Card. Gut 30 Attraktionen von A wie Alpenzoo bis Z wie Museum im Zeughaus stehen dem Besucher damit offen. Der Geltungsbereich der Innsbruck Card reicht bis nach Wattens und damit tief in die Swarovski-Kristallwelten hinein. Auch öffentliche Verkehrsmittel, der „Sightseer" und die Seilbahnen auf Nordkette und Patscherkofel sind im Preis eingeschlossen.

INFORMATION
Für 24, 48 oder 72 Std. kostet die Innsbruck Card 39 – 55 €.

Kultur und Natur im Schulterschluss: Vor der prachtvollen Bergkulisse laden Highlights wie Stadtturm oder Tiroler Landesmuseum ein.

INFORMATION
Innsbruck Tourismus, Burggraben 3,
A-6021 Innsbruck, Tel. 05 12 / 5 98 50,
www.innsbruck.info

Sehenswert

Zu den größten Schätzen zählt die hervorragend erhaltene Altstadt. Gotik, Renaissance, Barock und Rokoko prägen das von Burg- und Marktgraben (dem urspr. Befestigungsring) sowie dem Innufer eingefasste Viertel. Von den 130 Häusern mit ihren zahlreichen Erkern geht ein Großteil auf die Ära Maximilians zurück. Die schönste der kopfsteingepflasterten Straßen und Gassen, die durch Passagen miteinander in Verbindung stehen, ist die auf beiden Seiten von Laubengängen begleitete und auf das Goldene Dachl zulaufende Herzog-Friedrich-Straße mit ihren Geschäften und Cafés.

ALTSTADT
Das 1 **Goldene Dachl** **TOPZIEL** ist die Attraktion (1497–1500, Niklas Türing d. Ä.). Von Weitem leuchten die 2657 feuervergoldeten Schindeln des wohl „berühmtesten Erkers der Welt" vor der Nordkette. Der spätgotische Prunkerker diente Kaiser Maximilian I. als exklusive Loge, um Ritterspiele und wilde Moriskentänze zu verfolgen. Auf dem Platz davor wurden früher angebliche Hexen und Ketzer verbrannt – unter ihnen 1536 Jakob Hutter, dessen Anhänger heute in den USA und Kanada ihr urchristliches Leben führen. An der Brüstung ist Maximilian mit seinen beiden Frauen Maria von Burgund und Bianca Maria Sforza dargestellt. Zum Wahrzeichen Tirols mutierte das Dachl erst mit Beginn des Alpentourismus im 19. Jh., davor hatten es die Innsbrucker kaum beachtet, wie man im 1 **Museum Goldenes Dachl/Maximilianeum** erfährt (Herzog-Friedrich-Straße 15; Mai – Sept. tgl., sonst Di. – So. 10.00 – 17.00 Uhr, Nov. geschl.). Schräg gegenüber gehört der üppigen Barockfassade des 1 **Helblinghauses** (15. Jh.) alle Aufmerksamkeit. Gegenüber erhebt sich seit etwa 1440 der 1 **Stadtturm** (siehe S. 66, „Aktivitäten").

Auch in der 2 **Kaiserlichen Hofburg** wird dem „letzten Ritter" gehuldigt. 1460 begonnen und unter Maximilian fertiggestellt, erfuhr die Hofburg unter Maria Theresia in der zweiten Hälfte des 18. Jhs. eine Umgestaltung im Stil des Rokoko. In den 25 Salons mit großteils originaler Möblierung verdichtet sich die 1918 zu Ende gegangene Habsburger-Ära. Gigantisch der Riesensaal mit Fresken und Porträts der einstigen österreichischen Herrscherfamilie (Rennweg 1, www.hofburg-innsbruck.at; tgl. 9.00–17.00 Uhr).
Der eifrig um seinen Nachruhm besorgte Kaiser gab bereits 1502 die Planungen für sein Grabmal in Auftrag. Gut 50 Jahre nach seinem Tod wurde das Monumentalgrab in der 4 **Hofkirche** fertiggestellt. Der Kenotaph (leeres Grabmal; Maximilian wurde in Wiener Neustadt bestattet) mit der Plastik des knienden Kaisers dominiert das Kirchenschiff. Wie Wächter sind 28 Bronzestatuen, die „Schwarzen Mander", um das Grabmal postiert: Vorfahren des Kaisers und Figuren, die wie König Artus zu solchen erklärt wurden. Die blank polierte Schamkapsel Rudolf von Habsburgs dokumentiert einen Fruchtbarkeitskult: Durch Berührung erhofften sich Frauen männlichen Nachwuchs (Universitätsstraße 2, www.hofkirche.at; Mo bis Sa 9.00–17.00, So. und Fei. 12.30–17.00 Uhr). Sehenswert ist auch der barocke 2 **Dom zu St. Jakob** (1717–1724; Domplatz) mit einem Marienbild von Lucas Cranach d. Ä. (um 1530) und dem kunstvoll gestalteten Grab Erzherzog Maximilians III., des Deutschmeisters († 1618).

Tipp

Immer höher und höher

Manchmal kann die jäh aufragende Nordkette schon etwas beklemmend wirken. Das beste Gegenmittel: Hinauf auf den Berg! Mit den **Nordkettenbahnen**, die ab der Wintersaison 2017/18 ein brandneues Pendant am Patscherkofel gegenüber erhalten, erreicht man in 30 Min. hochalpines Gelände und genießt grandiose Ausblicke auf Innsbruck und Umgebung. Die Bergstationen sind Ausgangspunkte für Mountainbike-Touren, Wanderungen (Goetheweg) oder Kletterabenteuer (Innsbrucker Panorama-Klettersteig). Warme Kleidung nicht vergessen!

NORDUFER DES INNS

Zwei alte Stadtviertel sind 9 **Mariahilf** mit barocker Pfarrkirche und **St. Nikolaus**. Steinböcke, Otter, Bartgeier, Adler, Bären und Luchse sind die Stars im 8 **Alpenzoo**, dem höchstgelegenen Zoo Europas (Weiherburggasse 37, www.alpenzoo.at; April–Okt. 9.00 bis 18.00, sonst bis 17.00 Uhr).

BERGISEL UND WILTEN

Südl. der Altstadt bietet die 11 **Maria-Theresien-Straße** mit den **Rathaus-Galerien** und dem 2010 eröffneten Kaufhaus Tyrol gute Einkaufsmöglichkeiten. Hier liegen mit 7 **Annasäule** (1706) und 12 **Triumphpforte** (1765) zwei bedeutsame Monumente aus dem 18. Jh. Die 14 **Basilika Wilten** im Süden der Stadt ist eine der schönsten Rokokokirchen Österreichs. Das **Prämonstratenser-Chorherrenstift** (Urspr. im 12. Jh., 17. Jh.; Barockkreuzgang und Stiftsmuseum) kann bei Führungen besichtigt werden (Tel. 05 12 / 58 30 48, www.stift-wilten.at). Am von Autobahnlärm umtosten 15 **Bergisel** besiegten die Tiroler Bauernkrieger 1809 Bayern und Franzosen dreimal, bevor sie in der vierten Schlacht unterlagen. Daran erinnern das 15 **Andreas- Hofer-Denkmal** und das **Bergisel-Museum** mit einer Ausstellung über den Freiheitskampf 1809 und dem Riesenrundgemälde, das die letzte Bergisel-Schlacht zeigt. Blickfang ist das 15 **Skisprung-Stadion** mit dem aufsehenerregenden Sprungturm von Zaha Hadid (www. bergisel.info; Juni–Okt. tgl. 9.00–18.00, sonst Mi.–Mo. 10.00–17.00 Uhr); auch im Sommer wird regelmäßig trainiert. Panoramacafé und Aussichtsplattform rücken nicht nur die Athleten perfekt ins Bild, sondern auch die Stadt vor der Kulisse der Nordkette. 16 **Schloss Ambras** TOPZIEL wurde bis 1595 im Renaissancestil umgebaut, als Domizil für Philippine Welser, die nicht standesgemäße Gemahlin von Erzherzog Ferdinand II. Es ist mit seinen Wunder- und Rüstungskammern sowie dem Spanischen Saal einen Besuch wert (Schlossstr. 20, www.schlossambras-innsbruck.at; Dez.–Okt. tgl. 10.00–17.00 Uhr).

Die futuristisch anmutende Talstation der Hungerburgbahn kontrastiert eindrucksvoll mit der majestätischen Berglandschaft der Nordkette.

Museen

Innsbruck ist nach Wien die zweitwichtigste Museumsstadt Österreichs. Auch das 6 **Landesmuseum Ferdinandeum** zehrt vom maximilianischen Glanz, verfügt mit gotischer Kunst und seiner Sammlung alter Musikinstrumente aber auch über Aushängeschilder aus anderen Epochen (Museumstraße 15). Geschichte, Kultur und Tourismus in Tirol beleuchtet das 10 **Museum im Zeughaus,** einst Maximilians Waffenarsenal (Zeughausgasse). Einen prachtvollen Einblick ins handwerkliche Schaffen „Alt-Tirols" vermittelt das 2009 neu eröffnete 5 **Volkskunst-Museum** (Universitätsstraße 2; alle drei www.tiroler-landesmuseen.at, Di.–So. 9.00–17.00 Uhr, Volkskunst-Museum auch Mo). In die Innsbrucker Geschichte kann man sich im 2 **Stadtmuseum** vertiefen (Badgasse 2; Mo.–Fr. 9.00–17.00 Uhr). Unter den kleineren Museen ragt das 13 **Glockenmuseum Grassmayr** heraus (Leopoldstraße 53, www.grassmayr.at; Mo.–Fr. 10.00–16.00 Uhr, Mai–Okt. auch Sa.).

Unterhaltung

AKTIVITÄTEN

Exakt 148 Stufen sind zu bewältigen, bevor der 1 **Stadtturm** einen Rundumblick auf das Dächermeer gewährt (Herzog-Friedrich-Straße 21; Juni–Sept. 10.00–20.00, sonst bis 17.00 Uhr). Erholung vom Sightseeing verspricht ein Aufenthalt im idyllischen 3 **Hofgarten.** Der **Zirbenweg**, ein leichter Wanderweg von der Bergstation der 2017 neu errichteten Patscherkofel-Bahn, erschließt einen der größten Zirbenwälder der Alpen.

VERANSTALTUNGEN

Zu Ostern wird auf dem Platz vor dem Goldenen Dachl der **Ostermarkt** abgehalten, umrahmt von Aperschnalzen und anderen Bräuchen. Besinnlich bis kommerziell geht es auf dem **Adventmarkt** ebendort zu. Im Hochsommer dient das spätmittelalterliche Ensemble als Bühne für **Hoffeste** wie anno 1500. Über die Grenzen bekannt sind der **Innsbrucker Tanzsommer** (www.tanzsommer.at; Mitte Juni bis Mitte Juli) und die **Innsbrucker Festwochen der Alten Musik** (www.altemusik.at; Mitte Juli–Aug.). Sportveranstaltung Nr. 1 ist das Skispringen am Bergisel im Rahmen der **Vierschanzen-Tournee** (3. oder 4. Jan.).

Tipp

Cafés in Hülle und Fülle

Eindrucksvoll für eine österreichische Stadt außerhalb Wiens ist das Angebot an Cafés. Da findet das imperiale **Café Sacher** (Eingang Hofgasse) mit rotem Plüsch und mächtigen Lustern ebenso sein Publikum wie das lässige **Café Central** (Gilmstraße 5) mit seinen leicht abgewetzten Möbeln oder der In-Treff **Katzung** (Herzog-Friedrich-Straße 16). Hervorragende Mehlspeisen gibt es allerorts, doch unübertroffen ist das Angebot in der **Konditorei Valier** (Maximilianstraße 27; unten). Die Kellner „granteln“ übrigens weniger als in Wien – heißt es.

AM ABEND

Durchaus romantisch ist das Programm, das die **Alpenlounge Seegrube** am Freitagabend bietet: Ein köstliches Dinner auf 1900 m mit atemberaubendem Blick auf das Lichtermeer der Stadt (www.nordkette.com). Im **Hofgarten-Café** (Rennweg 6a) wird abends aufgelegt und abgetanzt.

EINKAUFEN

Im **Kaufhaus Tyrol** (Maria-Theresien-Straße 31) und in den **Rathausgalerien** gleich gegenüber kann man shoppen, bis die Kreditkarte zu glühen beginnt.

● Hotel & Restaurant

HOTELS

Direkt am Wahrzeichen Innsbrucks, dem Goldenen Dachl, vereint der **€ € € Goldene Adler** althergebrachte Tradition mit guter Küche (Herzog-Friedrich-Straße 6, A-6020 Innsbruck, Tel. 05 12 / 57 11 11, www.goldeneradler.com). Mit seinem schönen Garten und vielen architektonischen Feinheiten hebt sich das **€ € Nala** Individuellhotel von der Konkurrenz ab (Müllerstraße 15, A-6020 Innsbruck, Tel. 05 12 / 58 44 44, www.nala-hotel.at).

RESTAURANTS

Zur Kategorie urig-guter Wirtshäuser zählt der **€ € Riese Haymon** (Haymongasse 4, Tel. 05 12 / 56 68 00; So., Mo. geschl.). Der **€ € Planötzenhof** bietet traumhafte Aussicht und gutes Essen am Fuß der Nordkette (Planötzenhofstraße 30, Tel. 05 12 / 27 40 17, www.planoetzenhof.at; Mo., Do. geschl.).

Genießen Erleben Erfahren

DuMont Aktiv

Akku statt Auto: Mit dem E-Bike quer durch Innsbruck

Elektrofahrräder sind auch in der Tiroler Landeshauptstadt angekommen. Eine Stadtrundfahrt per E-Bike ist kurzweilig und flott.

„Damit fahrst auf die Höttinger Alm auffi, ohne dass d' ins Schwitzen kommst.“ Beim Radverleih im Herzen der Stadt werden die neuen Elektrofahrräder wärmstens angepriesen. Und da manche Innsbrucker Attraktion ungeübte Radler ins Schwitzen kommen lässt, hat das E-Bike eine Chance verdient.

Selbst Tretmuffel haben innerstädtisch keine Schwierigkeiten. Am Anstieg zum Alpenzoo zeigt das „Powerbike“ dann, was es draufhat: Der Elektromotor überträgt Kraft in die Pedale, plötzlich tritt es sich federleicht! Auch den Bergisel am südlichen Innufer erklimmt man so ganz ohne Schweiß.

Sightseeing per E-Bike, das wird einem rasch klar, ist entspannend, gelenkschonend und außerdem ziemlich flott. Und wer Größeres vorhat: Lans, Mutters und andere Dorfschönheiten in Innsbrucks Umgebung verlieren dank „elektrischem Rückenwind“ ebenfalls an Schrecken. 50 bis 80 Kilometer Reichweite verspricht eine Akkuladung – das reicht für eine ordentliche Tour. Wer auf Kommentare steht, der kann bei Inntour eine ausgedehnte Stadtrundfahrt per E-Bike buchen.

Weitere Informationen

„Die Börse“ ist auch im E-Bike-Geschäft aktiv. Tgl. 9.00–18.00, am Wochenende bis 17.00 Uhr. 5 Std. für 22 €, 24 Stunden für 40 €, 4 Tage kosten 150 €. Leopoldstraße 4, A-6020 Innsbruck, Tel. 05 12 / 58 17 42, *www.dieboerse.at*

Allerlei spannende Radtouren in Innsbruck und Umgebung hat **Inntour** für Erlebnishungrige im Angebot. Ebenfalls Leopoldstraße 4, A-6020 Innsbruck, Tel. 06 60 / 2 14 46 60, *www.inntour.at*

I bike, you bike – we bike!

Die Stadt, ihre Räder – und das E-Bike

Lieblich und schroff zugleich

Zwischen Seefeld und dem Arlberg spannt sich ein kontrastreicher Landschaftsbogen. Die schroffen Massive der Nördlichen Kalkalpen, allen voran das Wettersteingebirge mit der Zugspitze, umrahmen liebliche Plateaus, die zu den schönsten Erholungslandschaften Tirols gehören. Über den Fernpass gelangt man in die Nordwestecke des Bundeslandes, das Außerfern, das sich seit jeher stark in den Allgäuer Raum orientiert.

Hoch droben ragt im Wettersteingebirge der graue Zugspitzfels gen Himmel, während unten blühende Wiesen die Sinne betören.

Ein Bergsteigertraum: der Zugspitzgipfel
auf 2962 Meter Höhe

Nonnen vor Berglandschaft: Wo sich im Winter die Skiläufer sportlich zu Tal stürzen – der Hahnenkamm ist das größte Skigebiet im Reuttener Becken –, lässt es sich im Sommer herrlich wandern (und rasten).

Kein einsamer Gipfel: „Höchsten" Komfort sichert auf der Zugspitze ein bizarr anmutendes Hightech-Konstrukt mit viel Beton, Stahl und Glas.

Einen Rekord hat die Zugspitze sicher: den des am dichtesten bebauten Berges der Alpen. Auf knapp 3000 Meter Höhe konkurrieren ein Alpenvereinshaus, Restaurants und Aussichtsterrassen sowie der „höchste Biergarten" Deutschlands mit Seilbahnstationen und wissenschaftlichen Einrichtungen um den knappen Platz. Eine Kapelle und eine Erlebnisausstellung zwängen sich auch noch ins Bild.

Spektakulär: Die Tiroler Zugspitzbahn

An schönen Tagen bevölkern Tausende Besucher das Ensemble. Fast alle haben das „Dach Deutschlands" mit Seilbahnkraft „erklommen". Die komplett neu errichtete Eibseeseilbahn von Bayern aus verleiht dem Gipfel ab Dezember 2017 ein neues Highlight an Seilbahn-Ingenieurskunst. Von Ehrwald aus erschließt die nicht minder spektakuläre Tiroler Zugspitzbahn den bayerisch-tirolerischen Grenzberg. Die Fahrt über rund 1700 Höhenmeter lässt Häuser und Dörfer im Ehrwalder Becken bis auf Modellbahnformat schrumpfen. Die 2962 Meter hohe Zugspitze ist einer der besten Aussichtsplätze der Alpen. Ortler, Piz Palü, Wildspitze, Großglockner – fast alle „Großen" der Ostalpen lassen sich bestimmen. Übrigens: Eine im Jahr 2006 entdeckte Karte legt nahe, dass die Zugspitze schon um 1770 erstmals bestiegen

An schönen Tagen bevölkern Tausende von Besuchern das Gipfelensemble auf der Zugspitze.

wurde und nicht erst, wie bisher angenommen, 1820 durch den Außerferner Josef Naus.

Königlicher Aufenthalt

Vom Tal aus betrachtet, wirkt der Klotz nicht weniger spektakulär. Die Wände, Kare, Spitzen und Zacken aus grauwei-

Ein gewaltiger Bergsturz schuf vor gut 4000 Jahren die Seen am Fernpass – hier der Blick auf den Blindsee und hinüber zum Zugspitzmassiv.

Am Badeufer des Wildsees macht das sonst so mondäne Seefeld einen gemütlich-familiären Eindruck.

Der Golfplatz zwischen Seefeld und dem Wildsee gilt als einer der schönsten Tirols.

ßem Wettersteinkalk bilden einen jähen Gegensatz zu den sanften Formen des Ehrwalder Beckens. Er macht den landschaftlichen Reiz der „Zugspitz-Arena" aus. Schon im 19. Jahrhundert zog diese Gegend Sommerfrischler an. Auch König Ludwig II. von Bayern erholte sich gern und oft am dunklen Fernsteinsee, während sich der Heimatdichter Ludwig Ganghofer Anfang des 20. Jahrhunderts im Gaistal bei Ehrwald inspirieren ließ. Die beiden waren Vorreiter des Tourismus, der heute im Außerfern eine wichtige Rolle spielt.

Wohlstand dank Römerstraßen

Außerfern – im Namen scheint anzuklingen, dass der Landesteil etwas außen vor liegt. Dabei bedeutet es nur: die Gegend jenseits des Fernpasses, von Innsbruck aus gesehen.

Schon in der Antike schlängelte sich über den Fernpass eine der wichtigen europäischen Nord-Süd-Verbindungen: Die Via Claudia Augusta führte von der Poebene über den Reschenpass in das Inntal und über den Fernpass an die Donau. Das Moos, die moorige Niederung zwischen Lermoos und Ehrwald, überbrückten einstmals römische Pioniere mit einem Knüppeldamm. Das Terrain bereitete auch noch den Fuhrwerken Probleme, die vom 15. bis ins 18. Jahr-

Special

SOS-Kinderdorf

Heimat für entwurzelte Kinder

Eines der erfreulichsten Kapitel der Landesgeschichte begann 1949 in Imst jenseits der Lechtaler Alpen mit der Gründung des SOS-Kinderdorfs. Albert Schweitzer bezeichnete es als das „freundlichste Wunder der Nachkriegszeit".

Damit Kinder wieder lachen können.

Es waren die Verheerungen des Zweiten Weltkriegs, die den Vorarlberger Bauernsohn und Medizinstudenten Hermann Gmeiner (1919–1986) dazu brachten, über neue Formen zur Rettung entwurzelter Kinder nachzudenken. Dem Waisenhaus stellte er einen familienähnlichen Ansatz entgegen. Als ihm 1949 der Imster Bürgermeister ein Grundstück am Sonnberg zur Verfügung stellte, sah Gmeiner seine Chance gekommen. Am Weihnachtsabend 1950 wurde das erste Kinderdorfhaus bezogen. Die Waisenkinder waren integriert in eine „Familie" mit einer (Kinderdorf-)„Mutter" und wuchsen mit anderen Mädchen und Buben, den „Geschwistern", in einem eigenen Haus auf, das Teil eines Dorfes war. Gmeiners Konzept verbreitete sich über den ganzen Erdball.

SOS-Kinderdorf ist heute als größte nichtstaatliche soziale Entwicklungsorganisation der Welt in 134 Ländern aktiv. In über 800 Einrichtungen werden rund 66 000 Minderjährige familienähnlich betreut. Dazu kommen Nothilfeprogramme an Brennpunkten von Gewalt und Elend, etwa im Bürgerkriegsland Syrien.

So zeigten sich einst alle Alpenflüsse (rechts): der Lech zwischen Stanzach (rechts oben) und Forchach, ein beliebtes Revier für Rafter (oben). Auch Fliegenfischer (ganz oben) zieht es ins wildromantische Lechtal.

Am Holzgauer Dorfplatz reihen sich mit „Lüftlmalerei" verzierte Fassaden aneinander, verblüffende Illusionen von Stuck.

Lech

Special

Ungezähmt

Der Lech entspringt in Vorarlberg und fließt durch Tirol und Südbayern, wo er nach 264 Kilometern in die Donau mündet. Zur Schneeschmelze oder nach Unwettern schwillt er bedrohlich an. Bald darauf fließt er wieder träge dahin und verliert sich in türkis leuchtenden Rinnsalen. Die Rede ist von einem der letzten großen Wildflüsse der Ostalpen, der alles macht, was ein unverbauter Alpenfluss eben so tut.

Auf 62 Kilometer Länge ist der Lech als Naturpark ausgewiesen. Erlebnispfade, Wildbeobachtungsstationen, ein Naturparkhaus und Ausstellungen, etwa in der Burgenwelt Ehrenberg, sind dem wilden Fluss gewidmet. Weitwanderer lieben den 125 Kilometer langen, als „Leading Quality Trail" in Europa ausgezeichneten Lech-Weg vom Arlberg-Gebiet in den Allgäu.

hundert mit kostbarem Salz schwer beladen ins Schwabenland rollten. Damals führte von Hall die „Salzstraße" durchs Außerfern. Bauern, Fuhrleute und Fassbinder verdienten blendend an dem „weißen Gold".

Ein dunkles Kapitel: Die „Schwabenkinder"

Wohlstand war aber in vielen Regionen westlich des Inns ein Fremdwort – es fiel schon schwer genug, die Bevölkerung überhaupt zu ernähren. Zu manchen Zeiten zwang die wirtschaftlich schwierige Lage viele Außerferner dazu, als Handwerker und Wanderhändler in Deutschland ihr Glück zu versuchen. Im 19. Jahrhundert war die Armut so drückend, dass Kinder und Jugendliche aus dem Außerfern – und ebenso aus anderen Teilen Tirols – Sommer für Sommer in die Bodenseeregion geschickt wurden, um dort für einen Hungerlohn zu schuften. Der Zug der Sieben- bis Siebzehnjährigen führte über die oft noch verschneiten Allgäuer Alpen nach Friedrichshafen und in andere Orte, wo sie auf sogenannten „Kindermärkten" wie Vieh vorgeführt und auf Bauernhöfe vermittelt wurden.

Erst in den Zeiten des Ersten Weltkriegs, als im Gastland die Schulpflicht auch für die Schwabenkinder eingeführt wurde, kam diese Form der Kinderarbeit allmählich zum Erliegen. Von manchen als Sklavenhandel bezeichnet, zählt sie bis heute zu den düsteren Kapiteln in der Geschichte Tirols. Das Schicksal der „Schwabenkinder" wurde in den vergangenen Jahren verstärkt thematisiert – unter anderem durch den gleichnamigen Fernsehfilm mit Tobias Moretti.

Fassadenmaler und Schnitzkünstler

Seiner Armut verdankt das Außerfern paradoxerweise auch einige seiner Kunstschätze. Denn als jene, die in der Ferne gut verdient hatten, in ihre Heimat zurückkehrten, wollten sie ihren neuen Wohlstand auch zeigen – indem sie die Fassaden ihrer neuen Häuser mit üppigen Malereien versehen ließen. So ist beispielsweise das Lechtal reich an Beispielen schlichter volkstümlicher Kunst, mit manch aufwendiger Illusionsmalerei, die repräsentativen Stuck vortäuscht.

Elbigenalp wiederum, wo einst die Mutter des „Märchenkönigs" ihre Sommer verbrachte, ist die Hochburg der Schnitzer. In den Läden türmt sich geschnitztes, gedrechseltes, gehobeltes oder auf andere Art bearbeitetes Holz. Wurzelsepp und Weihnachtskrippe sind ebenso Bestandteile des Repertoires wie anerkannte Kunst. Letztere stammt zu-

Tief verschneit präsentiert sich das noble Hospiz Hotel in St. Christoph.

Sonne und Schnee, was will man mehr –
Bergstation der Arlberg-Gampenbahn

Winterspaß auf zwei Brettern, dafür ist die Arlberg-Region bekannt.

meist aus der renommierten und landesweit einzigen Schnitzschule, die ihr Wissen in Sommerkursen mittlerweile gern auch an Freizeitkünstler weitergibt.

Gekrönte Häupter und Reiche wedeln am Arlberg die Pisten hinab.

Einst gefürchtet, heute bestürmt

Der Arlberg war jahrhundertelang gefürchtet. Wer nach Vorarlberg oder darüber hinaus wollte, musste es mit dem 1793 Meter hohen, oft ein halbes Jahr lang verschneiten Arlberg-Pass aufnehmen – darunter Könige, Päpste und unzählige Jakobs-Pilger. Gar nicht selten rissen Lawinen die Wanderer in den Tod. Im Jahr 1386 errichtete Heinrich Findelkind aus Kempten knapp unterhalb der Passhöhe eine Herberge und gründete mit päpstlichem Segen die „Bruderschaft St. Christoph". Deren Hauptbestreben war es, Reisende sicher über die Passhöhe zu bringen.

Beide Einrichtungen existieren heute noch, lange nachdem der Arlberg für Autos und die Eisenbahn untertunnelt wurde. Allerdings in veränderter Form. Die Herberge ist als „Arlberg Hospiz Hotel" zu einem der luxuriösesten Häuser ganz Österreichs mutiert, und die im Jahr 1957 reaktivierte Bruderschaft unterstützt in Not geratene Familien. Zu ihren Mitgliedern zählen nicht wenige der gekrönten Häupter und Reichen, die am Arlberg die Pisten hinabwedeln.

Rings um die anmutigen Plateaus …

In St. Anton am Arlberg steht eine Wiege des alpinen Skisports. Während es im Winter auf den Pisten und in den Hütten drunter und drüber geht, fällt der Ort in der warmen Jahreszeit in ein veritables Sommerloch. Im Gegensatz dazu verfügt das nicht minder mondäne Seefeld touristisch über zwei ausgeglichene Jahreszeiten. In den Jahren 1964 und 1976 kam Seefeld als Austragungsort für die Nordischen Disziplinen der Olympischen Spiele zu Ehren. Kein Wunder, versetzen einen doch Birken- und Lärchenwälder stimmungsmäßig nach Skandinavien.

… stehen Berge Spalier

Kein anderer Ort Tirols ist mit so vielen Luxushotels und Zweitwohnsitzen gepflastert. Das ist auch der grandiosen Umgebung geschuldet. Rings um das Seefelder Plateau stehen zerklüftete Berge Spalier, allerdings so weit entfernt, dass sie nicht bedrohlich wirken. Noch kompakter gestaltet sich das Wechselspiel von schroff und sanft auf dem Mieminger Plateau. Am reizvollsten ist ein Besuch im Oktober, wenn die Natur ihr Farbenfüllhorn ausschüttet und die Lärchenwälder zu „brennen" scheinen. Ein Naturschauspiel von rauschhafter Opulenz und ein Geheimtipp.

Die kühnsten Bauwerke des 21. Jahrhunderts

Tirol – ein Hort moderner Architektur

Tirol und moderne Architektur? Das passt überraschend gut zusammen. Innsbruck hat sich zu einem Mekka zeitgenössischer Baukunst gemausert, aber auch auf dem Land baut man mutig. Der Online-Architekturführer www.aut.cc/ ist der Guide für alle, die mehr erfahren wollen.

1 Bergiselschanze, Innsbruck (2002)

Die von der britisch-irakischen Architektin Zaha Hadid (1950–2016) entworfene Sprungschanze auf dem Bergisel gilt als bedeutendstes Sportbauwerk Österreichs. Kühn erhebt sich der Sprungturm aus den Wäldern südlich der Stadt. Von Ferne gleicht die Silhouette der Schanze einer hoch aufgerichteten, zum Zustoßen bereiten Kobra – ein passendes Bild für die Dynamik und Eleganz des Skispringens. Beim Blick von der Aussichtsplattform lässt sich die Leistung der „Adler" erahnen, die sich tollkühn vom Schanzentisch in die Tiefe katapultieren.

Bergiselschanze Innsbruck, Bergiselweg 3, A-6020 Innsbruck, Tel. 05 12 / 58 92 59, www.bergisel.info, ganzjährig

2 Hungerburgbahn, Innsbruck (2007)

Futuristisch anmutende Seilbahnstationen gibt's nicht nur auf Tirols Bergen, sondern auch mitten in Innsbruck. Das beweisen die ebenfalls von Zaha Hadid in Szene gesetzten Stationen der Hungerburg-Bahn. Die geschwungenen Glas-Dachschalen erinnern an das Raumschiff „Enterprise" aus der US-Science-Fiction-Serie, und die stimmungsvolle abendliche Beleuchtung verstärkt den Eindruck, dass dieses Beförderungsmittel, erste Etappe auf die Gipfel der Nordkette, seiner Zeit weit voraus ist. „Beamt uns hoch, Scotty und Zaha!"

Hungerburgbahn – Stationen Congress, Löwenhaus, Alpenzoo und Hungerburg, A-6020 Innsbruck, Tel. 05 12 / 29 33 44, www.nordkette.com, ganzjährig

3 Kaufhaus Tyrol, Innsbruck (2010)

Eine weiße, zweifach geknickte Fassade, viele und große Fenster – im Grunde fällt das nach Entwürfen des Briten David Chipperfield neu errichtete Kaufhaus Tyrol aus dem Rahmen der Maria-Theresien-Straße. Links und rechts davon stehen altehrwürdige Bürgerhäuser mit Erkern und Fensterläden. Dennoch fügt sich der Konsumtempel harmonisch in die Prachtstraße ein. Ungewöhnlich auch das luftige Innere: Beim Blick durchs Panoramafenster auf die Nordkette kommt Klaustrophobie gar nicht erst auf.

Kaufhaus Tyrol, Maria-Theresien-Straße 31, A-6020 Innsbruck, Tel. 05 12 / 90 11 15, www.kaufhaus-tyrol.at

4 Parkhotel Hall, Hall (2003)

Ein Hotel wie Tag und Nacht. 1930 errichtete der Architekt Lois Welzenbacher nördlich der Haller Altstadt einen Hotelturm im Stil der klassischen Moderne: kantig, weiß und mit markanten Balkonen. Dem Welzenbacherturm setzte das Architektenteam Henke und Schreieck einen dunklen Glasturm mit konischem Grundriss an die Seite. Beton versus Glas, Kanten versus Rundungen – das ergibt einen spannenden Dialog. Zu Weiß und Schwarz steuert der idyllische Kurpark viel Grün bei.

Parkhotel Hall, Thurnfeldgasse 1a, A-6060 Hall in Tirol, Tel. 0 52 23 / 5 37 69, www.parkhotel-hall.at

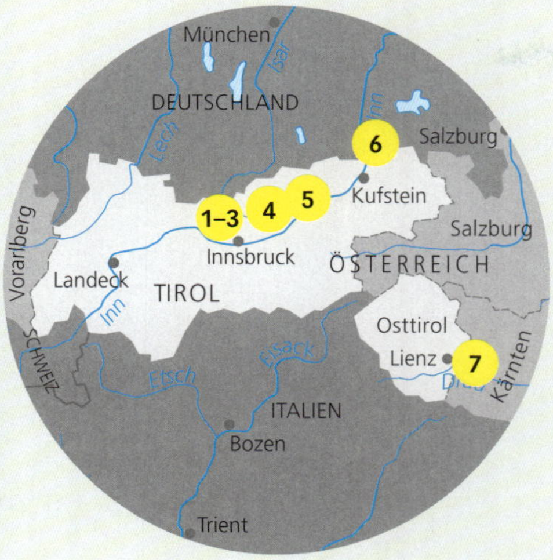

5 Kristallwolke-Installation, Wattens (2015)

Der Glitzerzauber ist vielleicht nicht jedermanns Geschmack, doch was die Swarovski Kristallwelten in Sachen Landschafts- (und Himmels)architektur hergeben, ist unbedingt mehr als nur einen flüchtigen Blick wert. André Hellers ikonischer Riese mit Wasserfall war von Anfang an dabei. Bei der Erweiterung 2015 kam als Herzstück des Gartens die Kristallwolke dazu, eine Installation aus 800 000 Kristallen über einem dunklen Pool. Das Wasser spiegelt die künstlichen Wolkengebilde, echte Wolken und die umliegenden Berge wider und sorgt für grandiose Bilder.

Swarovski Kristallwelten, Kristallweltenstraße 1, A-6112 Wattens, Tel. 0 52 24 / 5 10 80, http://kristallwelten.swarovski.com/ ganzjährig

6 Neues Festspielhaus der Tiroler Festspiele Erl (2012)

Für eine Kontrastlösung haben sich auch die Macher der Festspiele Erl entschieden, als sie dem Passionsspielhaus aus dem Jahr 1959 das neue Festspielhaus an die Seite stellten. Der eine Kulturtempel hell, der andere dunkel, der alteingesessene setzt auf Rundungen, der 2012 nach einem Entwurf von Delugan Meissl fertiggestellte auf scharfe Kanten und Zacken. Beide ruhen auf der grünen Wiese im beschaulichen Erl wie Boten von einem anderen Stern.

Tiroler Festspiele Erl, Mühlgraben 56a, A-6343 Erl, Tel. 0 53 73 / 8 10 00, www.tiroler-festspiele.at, ganzjährig

7 Der Ufogel, Nußdorf bei Lienz (2014)

Mit dem Ufogel ist 2014 ein Ferienhaus der etwas anderen Art in Tirol gelandet. Auf Stelzen gebaut, über der Wiese schwebend, fast vollständig aus Lärchenholz gefertigt, behauptet es neben einem altehrwürdigen Bauernhof in Osttirol wie selbstverständlich seinen Platz. Ein Raumwunder auf 45 m² – auch in punkto Innenleben hebt sich der Ufogel von den 08/15-Ferienhütten im alpenländischen pseudo-rustikalen Stil ab. Manche erinnert die äußere Form an einen Vogel, andere assoziieren damit gleich ein UFO. Der Ufogel ist nicht nur zu mieten, Architekt Peter Jungmann bietet ihn auch zum Verkauf an.

Der Ufogel, Gaimbergstraße 1a, A-9990 Nussdorf-Debant, Tel. + 43 664 307 90 84, www.ufogel.at, www.aberjung.com

Füssen
Reutte
Pfronten
Sonthofen
Immenstadt im Allgäu
Oberstdorf
Bad Hindelang
Oberjochsattel
Garmisch-Partenkirchen
Mittenwald
Zugspitze
Ehrwald
Lermoos
Fernpass
Nassereith
Imst
Landeck
Seefeld in Tirol
Telfs
Oetz
Arlbergpass
St. Anton am Arlberg
Flexenpass
Valluga
Hochvogel
Großmähder
Wetterstein Gebirge
Mieminger Gebirge
Lechtaler Alpen
Allgäuer Alpen
Ammergebirge
Milser Tunnel
Strengertunnel 5851 m
Landecker Tunnel 6955 m
Maßstab 1:330.000

Vom Inn hinüber zum Lech

Die Region nördlich des Inn, vom Karwendel bis zum Arlberg, ist bei Reisenden aus Deutschland wegen ihrer leichten Erreichbarkeit beliebt. Bizarre Kalksteingebirge und liebliche Plateaus wechseln sich ab. Einsame Täler liegen neben klassischen Urlaubsorten wie Seefeld und St. Anton am Arlberg.

1 Seefeld

Das Plateau um Seefeld (über 3200 Einw.) bezieht seinen Reiz aus dem Kontrast zwischen Wiesen und zerklüfteten Bergketten. Der Aufstieg zur Tourismushochburg begann 1912 mit der Bahnlinie zwischen Bayern und Innsbruck.

SEHENSWERT
Die **Pfarrkirche St. Oswald** ist ein eindrucksvoller spätgotischer Bau (1423–1474); das Tympanonrelief erinnert an das „Hostienwunder" von 1384. Das achteckige barocke **Seekirchl** (1666) ist ein viel fotografiertes Ziel.

AKTIVITÄTEN
Als **Langlaufmekka** etabliert, forciert man im Sommer Trendsport wie **Nordic Walking.** Der **Wildsee** zieht Wasserratten an. Als einer der schönsten Tirols gilt der **Golfplatz** in Seefeld-Wildmoos (www.seefeldgolf.com).

HOTEL
€ € € € Klosterbräu heißt ein Wellnesshotel mit Nachtklub und Jagdmöglichkeit und allem, was von Seefeld erwartet wird (Klosterstraße 30, A-6100 Seefeld, Tel. 0 52 12 / 2 62 10, www.klosterbraeu.com).

UNTERHALTUNG
Im „Alpenlook" präsentiert sich das **Casino Seefeld**, wo tgl. ab 13.00 Uhr die Roulettekugel rollt (Bahnhofstraße 124, Tel. 0 52 12 / 23 40).

UMGEBUNG
Scharnitz (8 km nördl.) ist ein guter Ausgangspunkt für Karwendel-Touren, u. a. zum Ursprung der Isar, sowie Startpunkt für den im Jahr 2009 wiederbelebten Karwendelmarsch über 52 km nach Pertisau am Achensee (Aug.). Die **Leutasch** am Fuß des Wettersteingebirges hat viele malerische Winkel. Wer von Innsbruck per Mittenwald-Bahn anreist, durchquert die Martinswand bei Zirl – die vom Inntal aus unbezwingbar wirkt.

INFORMATION
Olympiaregion Seefeld, Klosterstraße 34, A-6100 Seefeld, Tel. 05 / 0 88 00, www.seefeld.com

2 Mieminger Plateau

Nur einen Katzensprung vom geschäftigen Inntal entfernt liegt das Mieminger Plateau mit seinen prachtvollen Lärchenwäldern.

AKTIVITÄTEN
Terrain und Höhenprofil laden zum **Wandern, Nordic Walking** (110 km Streckennetz, Kurse) und zu **Radtouren** ein.

RESTAURANT
Als Landhotel und Restaurant gleichermaßen überzeugend ist der **€ € Gasthof Stern** in Obsteig (Unterstraß 253, Tel. 0 52 64 / 81 01).

UMGEBUNG
In **Telfs** (östl.) werden im August die renommierten Tiroler Volksschauspiele gegeben. **Nassereith** (westl.) setzt mit dem von der UNESCO als Weltkulturgut anerkannten Schellerlaufen (alle drei Jahre, wieder 2019; Fasnachtsmuseum Fr. 16.00–19.00 Uhr) Akzente.

INFORMATION
Sonnenplateau Mieming & Tirol Mitte, Oberstraß 218, A-6416 Obsteig, Tel. 0 52 64 / 81 06, www.sonnenplateau.net

3 Ehrwald

Blickfang der Region um Ehrwald, Lermoos und Biberwier ist Deutschlands höchster Berg, die Zugspitze. Ehrwald (2250 Einw.) ist erste Wahl für einen längeren Aufenthalt in der Region.

SEHENSWERT
Auf die **Zugspitze** TOPZIEL (2962 m) gelangt man (barrierefrei) für aktuell Euro 43,50 mit der **Tiroler Zugspitzbahn** (3 km nördl.). Oben warten herrliche Ausblicke und Rekorde à la „Deutschlands höchster Biergarten".

AKTIVITÄTEN
Das Ehrwalder Becken lädt zum **Spazieren** und **Radfahren** ein. In halber Höhe rücken Panoramawege Wetterstein und Mieminger Kette ins Bild. Lohnend ist die **Wanderung** zum Seeben- und zum Drachensee.

Ein herrliches Idyll: der Plansee

HOTELS
Familienurlaub an einem der schönsten Dorfplätze Tirols bieten **€ € Trueferhof** (Martinsplatz 3, A-6632 Ehrwald, Tel. 0 56 73 / 2 02 41, www.trueferhof.at) und **€ € Haus Bucher** gleich daneben (Martinsplatz 4, A-6632 Ehrwald, Tel. 0 56 73 / 29 17, www.dasbucher.at).

INFORMATION
Tiroler Zugspitz Arena, Am Rettensee 1, A-6632 Ehrwald, Tel. 0 56 73 / 2 00 00, www.zugspitzarena.at

4 Reutte

Der Markt Reutte (6000 Einw.), Hauptort des Außerfern, ist seit Römerzeiten ein wichtiger Verkehrsknotenpunkt.

SEHENSWERT
Das Grüne Haus und weitere schön bemalte Bürgerhäuser prägen das **Ortsbild** – umtost von starkem Verkehr. Viele Fresken stammen von Vertretern der Barockmalerfamilie Zeiller (18. Jh.). Das **Festungsensemble Ehrenberg** (13. Jh.) sperrte einst die Schlucht südl. von Reutte und bietet neben einem Museum „Mittelalter zum Mitmachen" seit kurzem auch eine Erlebnisausstellung zum Naturpark Lech.

Ende Juli erwacht das mittelalterliche Festungsemsemble zu einer dreitägigen Zeitreise. Top-Attraktion ist allerdings die in mehr als 100 Meter Höhe verlaufende Hängebrücke „Highline 179" (siehe Unsere Favoriten S. 18, www.ehrenberg.at).

MUSEUM
Das **Grüne Haus** beherbergt ein Museum zu Geschichte (u. a. Salzhandel und Fuhrwesen im Außerfern), Handwerk und Kunst, u. a. mit Werken der Malerin Anna Stainer-Knittel (Untermarkt 25, Tel. 0 56 72 / 7 23 04, Di.–Sa. 13.00 – 17.00 Uhr).

AKTIVITÄTEN
Der **Urisee** (nördl.) verschafft Abkühlung an heißen Tagen, während die 2012 eröffnete **Alpentherme Ehrenberg** (Thermenstr. 10, www.alpentherme-ehrenberg.at) für wetterunabhängiges Badevergnügen sorgt. Die Seilbahn auf den **Hahnenkamm** erschließt ein ausgedehntes Wandergebiet und einen Alpengarten mit 550 Pflanzenarten in knapp 2000 m Höhe.

Tipp

Bei der Geierwally

An den Sommerwochenenden locken die Geierwally-Freilichtspiele Theaterfreunde in die Bernhardsschlucht bei Elbigenalp. Die Geierwally, das war die in Elbigenalp geborene Malerin Anna Stainer-Knittel (1841–1915), die auf ihrem emanzipierten Lebensweg die Enge der Heimat überwand. Sie studierte als erste Frau an der Münchner Kunstakademie Malerei. Als 18-Jährige stieg sie in eine gefährliche Felswand ein, um ein Adlernest auszuheben. Diese Aktion verewigte Wilhelmine von Hillern in ihrem Roman „Die Geierwally". Nanno, wie sie genannt wurde, geriet zum Mythos und wurde oft auf diese wagemutige Tat verkürzt. Bei den Freilichtspielen kommen Volksstücke zur Aufführung.

INFORMATION
Karten an Spieltagen ab 18.00 Uhr; Tourismusverband Lechtal, Tel. 0 56 34 / 53 15 12, www.geierwally.at

HOTEL UND RESTAURANT
Der **€ € € Gasthof Zum Mohren** überzeugt mit seiner heimischen Küche (Untermarkt 26, A-6600 Reutte, Tel. 0 56 72 / 6 23 45, www.hotel-mohren.at). Kuchen und Torten der **Café-Konditorei Valier** sind weithin unerreicht (Untermarkt 5, Tel. 0 56 72 / 6 24 62; So. Ruhetag).

INFORMATION
TVB Naturparkregion Reutte, Untermarkt 34, A-6600 Reutte, Tel. 0 56 72 / 6 23 36, www.reutte.com

5 Tannheim

Das Tannheimer Tal hat sich als Wander- und Wellnessrefugium profiliert. Hauptort ist das namengebende Tannheim (1100 Einw.).

SEHENSWERT
Bis 1722 entstand die ungewöhnlich große barocke Kirche **St. Nikolaus**.

AKTIVITÄTEN
Das Tal ist für seine **Langlaufloipen** bekannt. Inmitten eines Naturschutzgebiets liegt der **Vilsalpsee** (südl.).

UMGEBUNG
Ein staatsrechtliches Kuriosum bildet seit 1342 die Exklave **Jungholz** (nördl.), über Straßenverbindungen nur vom Allgäu aus zu erreichen. Seit dem Aus für diskrete Bankgeschäfte profiliert man sich als Kräuterdorf.

INFORMATION
Tourismusverband Tannheimer Tal, Vilsalpseestraße 1, A-6675 Tannheim, Tel. 0 56 75 / 6 22 00, www.tannheimertal.com

6 Elbigenalp

Elbigenalp (850 Einw.), die älteste Ansiedlung im Lechtal, ist das Zentrum des Schnitzhandwerks in Tirol. Das Wanderwegenetz der Region ist ebenso gut wie das Kulturangebot.

SEHENSWERT
Die Sammlung des Lechtaler Universalgelehrten Johann Anton Falger (Kuriositäten, Kunst, Geschichte) und ein Blick auf das Lechtal von heute stehen im Zentrum der 2015 eröffneten Elbigenalper Wunderkammer im ehemaligen Doktorhaus.

AKTIVITÄTEN
Die **Schnitzschule** Geisler-Moroder bietet rund ums Jahr Kurse an – vom Krippenbauen bis zum „Schnitzen" mit der Kettensäge (Elbigenalp 63, Tel. 0 56 34 / 62 15, www.schnitzschule.com). **Rafting** und andere Abenteuer sind beim „Wildwassersport Lechtal" (Tel. 0 56 34 / 63 04, www.fun-rafting.at) zu buchen. **Angler** dürfen im Lech Forellen und Äschen nachstellen (Tourismusbüro Stanzach, Tel. 0 56 32 / 66 05). Gute Möglichkeiten, den **Naturpark Lechtal** zu erkunden, bieten ein Radwanderweg – die 56 km lange Route von Reutte bis Steeg überrascht mit Landschaftsbildern, die an Kanada erinnern – sowie für Wanderer der 2012 eröffnete Lech-Wanderweg. Allein die Lage auf einer Brücke über den Lech macht das Naturparkhaus in Elmen zu einer Sehenswürdigkeit (Infos: Naturparkhaus Klimmbrücke, A-6644 Elmen, Tel. 06 64 / 4 16 84 65, www.naturpark-tiroler-lech.at).

HOTEL
Wer „weg von allem" will, kann sich auf der **€ Fallerschein-Alpe** eine Hütte mieten (Namloser Tal; Vermieterliste beim Gemeindeamt Stanzach, Tel. 0 56 32 / 2 82 30, anfordern bzw. unter www.stanzach.at – Almhütten).

UMGEBUNG
Holzgau (8 km südwestl.) ist eine Hochburg der Lüftlmalerei. Hoch in die Lüfte – mehr als 100 m – schwingt sich auch die Fußgänger-Hängebrücke über die Höhenbachschlucht.

Natur pur: Imster Rosengartenschlucht und Roter Alpenmohn in voller Blüte

»Wie komme ich am besten den Berg hinan? Steig nur hinauf und denk nicht dran!«

Friedrich Nietzsche

INFORMATION
Tourismusbüro Lechtal, A-6652 Elbigenalp, Tel. 0 56 34 / 53 15, www.lechtal.at

7 St. Anton

87 Bergbahnen und Lifte sowie 305 Kilometer markierter Abfahrten machen den Arlberg mit St. Anton (2600 Einw.), Lech, Zürs & Co. zum größten Skigebiet Österreichs.

MUSEUM
Alles über den Aufstieg in die Eliteliga des Skisports kann man im **Museum St. Anton am Arlberg** erfahren (Rudi-Matt-Weg 10, www.museum-stanton.com; Juli – Mitte Sept. Di. – So. 12.00 – 18.00, Wintersaison tgl. ab 12.00 Uhr).

AKTIVITÄTEN
Die futuristische **Galzig-Bahn** trägt dazu bei, Wanderwege und Hütten in den Lechtaler Alpen und der Verwallgruppe zu erschließen.

HOTEL
Im traditionsreichen **€ € € € arlberg1800 Resort** wird Winterluxus groß geschrieben (A-6580 St. Christoph, Tel. 0 54 46 / 26 11, www.arlberg1800resort.at).

INFORMATION
Tourismusverband St. Anton, Dorfstraße 8, A-6580 St. Anton am Arlberg, Tel. 0 54 46 / 2 26 90, www.stantonamarlberg.com

8 Imst

Die Bezirkshauptstadt ist die Heimat des berühmten Schemenlaufens und der Organisation SOS-Kinderdorf. In Form einer Wildwasserschlucht und 18 restaurierter Brunnen ist Wasser in dem kleinen 6700-Einwohner-Ort (Stadtrecht 1898) überall präsent.

MUSEUM
Das Haus der Fastnacht ist dem Schemenlauf gewidmet (Streleweg 6; Fr. 16.00 – 19.00 Uhr).

AKTIVITÄTEN
In Hoch-Imst wartet mit dem „Alpine Coaster" eine 3,5 km lange **Alpen-Achterbahn** der Superlative (www.alpine-coaster.at). Nervenkitzel erleben auch die Besucher in der **Kletterhalle Imst** (Am Raun 25, www.kletterhalle.com). In der Imster Inn-Schlucht ist **Rafting** angesagt (www.raftingtour.info).

HOTEL
Zentral wohnen Imst-Besucher im **€ € Hotel Hirschen**, ein Wellness-Bereich ist dabei (Thomas-Walch-Straße 3, A-6460 Imst, Tel. 0 54 12 / 69 01, www.hirschen-imst.com).

INFORMATION
Tourismusverband Imst-Gurgltal, Johannesplatz 4, A-6460 Imst, Tel. 0 54 12 / 6 91 00, www.imst.at

Genießen   Erleben   Erfahren

DuMont Aktiv

Ein See für alle Gelegenheiten

Der Heiterwanger See südöstlich von Reutte ist ein Alleskönner unter den Gewässern. Ob Badetag, Wanderung, Angelabenteuer oder Schifffahrt – langweilig wird es hier nie.

Einem Fjord gleich schmiegt sich das Seenkleinod zwischen steil abfallende Felshänge. Die einzige Zufahrtstraße führt zum Westufer, wo eine kleine Siedlung die perfekte Infrastruktur für einen unbeschwerten Tag am See bietet. Der Naturbadestrand mit schattiger Liegewiese lässt sich kostenlos benutzen. Dass die türkis leuchtenden Fluten gerade mal 20 °C erreichen, hält die wenigsten vom Sprung ins erfrischende Nass ab.

Andere wollen sich die Abkühlung erst verdienen und nehmen den Panoramaweg rund um den See in Angriff. Die Tour lässt sich mit einer Umrundung des Plansees zur schönen Halbtageswanderung erweitern. Und weil die Außerferner Seeschönheiten durch einen Kanal verbunden sind, bieten zwei Linienschiffe – MS Margarethe und MS Wilhelm – neben landschaftlich ergiebigem Sightseeing auch eine bequeme Rückkehroption für erschöpfte Wanderer.

Noch nicht genug? Ruder- und Elektroboote lassen sich mieten, und Angeln steht auch noch auf dem Programm. Dann ist aber die Zeit reif, sich auf der Terrasse des Seerestaurants niederzulassen.

Weitere Informationen

Die Linienschiffe verkehren von Ende Mai bis Mitte Oktober zwischen vier Haltestellen.

Erstes Haus am Ort ist das 2013 runderneuerte **€ € € Fischer am See**. Der dazugehörige **€ Campingplatz** überzeugt durch seine Seelage, das **€ € Restaurant** mit Fisch und einigen regionalen Spezialitäten.

Hotel Fischer am See, Fischer am See 1, A-6611 Heiterwang, Tel. 0 56 74 / 51 16, **www.fischeramsee.at**

Der wegen seines Fischreichtums gerühmte Heiterwanger See ist perfekt für eine Auszeit vom Alltag.

Auf der Alm und in der Höh'

Vom kleinen Dorf Vent nahm im 19. Jahrhundert die touristische Erschließung der Alpen ihren Ausgang. Während sich dort bis heute nicht viel verändert hat, sind das Ötztal und die anderen Seitentäler südlich des Inn zu den wirtschaftlich wichtigsten Urlaubszentren Österreichs geworden. Viel hängt hier von der Wintersaison ab.

So spektakulär wie die Aussichtsplattform am Tiefenbachgletscher ist auch der Blick ins Pitztal und über das Meer von Dreitausendergipfeln.

Besser die Eisbar heizen als dem Eisbär einheizen, sollte man meinen, zumal in diesen Breitengraden Eisbären eher selten zu finden sind. Ansonsten gilt: Ski und Rodel gut. Das zeigt der Blick vom Söldener Tiefenbachgletscher auf die Liftanlagen und die Ötztaler Alpen (rechts). Ganz oben die Gampe-Alm, „Söldens sonnigster Teffpunkt“.

Am Rotkogeljoch: Aller Anfang ist schwer. Aber wenn die Ski dann mal laufen, wenn einem der Wind um die Nase weht und man unten heil ankommt, ist es das Paradies.

Tief unten gurgelt die Venter Ache durch eine enge Schlucht, und der Blick hinein in die tiefsten Täler füllt das Herz mit Sehnsucht.

Similaun, Weißkugel, Wildspitze – eine nach der anderen treten die Majestäten der Ötztaler Alpen aus den Talschlüssen hervor, umrahmt von glitzernden Gletscherpanzern. Während es durch einen Wald aus Lärchen und knorrigen Zirben bergauf geht, nehmen die Geschichten des Bergführers Gestalt an. Sie erzählen von jungsteinzeitlichen Hirten und Jägern, die aus Süden kamen und unter dem „Hohlen Stein" biwakierten, wie die Archäologen herausgefunden haben. Von ihren Nachfahren, die das hinterste Ötztal von Südtirol aus besiedelten. Von den Schafen, die bis heute jedes Frühjahr von Südtirol über die Jöcher kommen und auf den Weiden im Venter Tal übersommern. Und natürlich von „Ötzi", der Eisleiche vom Tisenjoch. Sie hat das Ötztal auch für jene zum Begriff gemacht, für die das längste Tiroler Tal südlich des Inn ein weißer Fleck war.

Der Imperativ des Ötztals: „Du musst wandern!"

Wie kein anderer Ort verkörpert das kleine Vent den Imperativ des Ötztals: „Du musst wandern!" Der geführten Tour zum Mutsbichl, einem Panoramapunkt über dem Dorf, schließen sich an einem Sommervormittag viele Familien an. Kleine und große Naturwunder warten an jeder Ecke; ein Zirbenzapfen voller Harz, zwei Gämsen, die hoch oben in einer Geröllhalde klettern. Tief unten gurgelt die Venter Ache durch eine enge Schlucht, und der Blick hinein in die tiefsten Täler füllt das Herz mit Sehnsucht. Gut möglich, dass auch der eine oder andere Jungwanderer bald vom Gipfelfieber gepackt wird.

Das keine 200 Einwohner zählende Dorf Vent bietet eine Infrastruktur, die exemplarisch steht für das Berg- und Wanderland Tirol: perfekt beschilderte und kategorisierte Wanderwege, staatlich geprüfte Bergführer und Outdoor-Experten sowie ein Netzwerk von Schutzhütten. Als der Österreichische Alpenverein vor einigen Jahren die Initiative der mittlerweile 20 Mitglieder umfassenden „Bergsteigerdörfer" ins Leben rief, die das ursprüngliche Alpinerlebnis in den Vordergrund rückte, war das kleine Vent ein idealer Kandidat.

Kaiserschmarren und Gamsbraten

Eine der über 170 alpinen Anlaufstationen Tirols ist die Breslauer Hütte in 2844 Meter Höhe, die seit über vierzig Jahren von der Familie Scheiber aus Vent bewirtschaftet wird. Der junge Hüttenwirt Alexander Scheiber erzählt: „Es ist ein harter Job. Mit zwölf bis dreizehn Stunden Arbeit am Tag kommt man manchmal nicht durch. Wenn man

Im Norden der Stubaier Alpen liegt das Sellraintal mit St. Sigmund, im Sommer ein Eldorado für Wanderer mit einem insgesamt 380 Kilometer langen Wegenetz: von leichten bis mittelschweren Almen- und Hüttenwanderungen bis zu anspruchsvollen Gipfeltouren.

Neustift im Stubaital (oben und rechts): Rund 190 000 Rinder, Pferde, Schafe und Ziegen werden Jahr für Jahr in Tirol auf 2155 Almen gebracht, wo sie etwa 120 Tage lang bleiben und von 3230 Hirten versorgt werden. Die Heimkehr der Tiere feiern dann alle im Tal.

Ganz am Ende im Venter Tal liegen die Rofenhöfe. In diesem Tal hat auch Hans Haid einen Bauernhof: „Wie die allermeisten Höfe in der Region ist er sehr klein. Das sind eher Zuschussbetriebe, die betreibt man aus Idealismus, aus Tradition und weil sie eine hohe Lebensqualität bieten."

Special

Eismumie Ötzi

„He's cool, man!"

1991 ging eine Sensation um die Welt: Eine Leiche, auf einem Gletscher im hintersten Ötztal entdeckt, entpuppte sich als 5300 Jahre alter Methusalem.

Die Presse taufte die Eismumie auf den Namen „Ötzi", die Wissenschaft begann sie in CSI-Manier zu untersuchen. Ötzis letzte Mahlzeit wurde ebenso minutiös rekonstruiert wie die mutmaßlichen Umstände seines Todes. Auf der Flucht vom Vinschgau über die Alpen soll er umgekommen sein, niedergestreckt durch einen Pfeil. Dann versank der Tote in Eis und Schnee, kam nach Jahrtausenden mit der Gletscherschmelze wieder ans Tageslicht und wurde zum Image-Träger für ganz Tirol.

Heute wird der Steinzeitmann im Südtiroler Bozen aufbewahrt. Mehr als zwanzig Jahre nach seiner „zweiten Geburt" haben Wissenschaftler sein Erbgut entschlüsselt. Sie fanden heraus, dass auch die Menschen der Jungsteinzeit bereits an Zivilisationskrankheiten litten – Ötzi hatte es am Herzen und vertrug keine Milch. Nachgewiesen ist seit 2015 auch die exakte Zahl der Tätowierungen auf Ötzis Körper: Es sind 61 Striche und Kreuze. Unklar ist ihre Bedeutung. Nutzte der Steinzeitmann die Stiche als eine Art Akupunktur?

„Ötzidorf": Im archäologischen Freilichtpark wird die Steinzeit lebendig.

Mitte Juni hinaufgeht, muss man Schnee schöpfen, um zur Tür zu kommen, wenn man Anfang Oktober hinabsteigt, folgt einem schon der Schnee. Aber man hat auch sehr viel davon."

Die Tageswanderer schätzen den Kaiserschmarren, und wenn Jagdsaison ist, steht auch mal Gamsbraten auf der Karte. Bergsteiger, die auf die Wildspitze wollen, den mit 3768 Metern zweithöchsten Berg Österreichs, finden hier ein Nachtlager vor dem Gipfelsturm. Das atemberaubende Panorama einer hochalpinen Bergwelt, die sich vor der großen Sonnenterasse ausbreitet, gibt es kostenlos dazu.

Ein Tal mit zwei Gesichtern

Das Ötztal ist ein widersprüchliches Tal. Tiefste Bergeinsamkeit kann man auf seinen 67 Kilometern genauso erleben wie größten Rummel. Für Ersteres stehen Bergsteiger- und Wanderdörfer wie Vent, Gries oder Niederthai, die sich bewusst oder aus Mangel an Gelegenheiten gegen eine Erschließung durch den Wintertourismus entschieden haben. Dafür hat schon vor Jahrzehnten Sölden votiert, das heute zur Elite der europäischen Wintersportorte zählt. „Hütten-Gaudi" mit Jagertee und eine Nightlife-Meile mit Lokalen, die „Kuhstall", „Hasenhütte" oder „Almrausch"

Landeck unterhalb seines Schlosses

Hinter dem Stift Stams ragt
das Mieminger Gebirge auf.

Rast in der Breslauer Hütte über dem Rofental

Special

Franz Senn

Die Wiege des Alpintourismus

Die touristische Erschließung der Tiroler Gletscher ist untrennbar mit Franz Senn (1831–1884) verbunden, dem im Ötztaler Längenfeld geborenen „Gletscherpfarrer".

Im Tourismus erkannte der ab dem Jahr 1860 an der Kirche St. Jakob in Vent als Seelsorger tätige Senn eine echte Chance, um die Not der bäuerlichen Bevölkerung zu lindern. Er baute sein Pfarrhaus zu einer Bergsteigerunterkunft aus, brachte den Bau von Schutzhütten auf den Weg und erstellte als Erster professionelle Richtlinien für das Bergführerwesen. Dies alles diente dem Zweck, Besucher in seine Heimat zu bringen. Hierdurch wurde Senn, der aufgrund seiner Aktivitäten immer wieder in große finanzielle Schwierigkeiten geriet, wie der Ötztaler Mundartdichter Hans Haid sagt, zu „einem Pionier der Regionalentwicklung".

Im Jahr 1869 zählte Senn zu den Mitgründern des Deutschen Alpenvereins, der die Berge als Naturraum für Erholungsuchende öffnen wollte. Die Früchte seiner Arbeit erntete Senn nicht mehr. Er starb 1884 in Neustift im Stubaital an Tuberkulose. Dass man heute von Innsbruck aus per Bus zum Stubaier Gletscher gelangen kann und weiter per Bahn auf 3200 Meter Höhe, wo einem die Gletscherwelt zu Füßen liegt, wird er sich in seinen kühnsten Träumen nicht ausgemalt haben.

Auf dem Weg zur Breslauer Hütte

heißen, haben der Gemeinde im Inneren Ötztal ein Image als „Ballermann der Alpen" beschert. Neben dem Après-Ski ist natürlich auch der Skisport zur Vollendung gelangt. Die besondere Höhenlage, die Schneesicherheit zweier Gletscher, komfortable Bahnen und eine Armada von Schneekanonen schaffen perfekte Pistenverhältnisse von Ende Oktober bis weit ins Frühjahr. Dazu kommen noch Söldener „Extras" wie die „Big3" – drei über 3000 Meter hohe Skiberge mit spektakulären, Adlerhorsten ähnlichen Aussichtsplattformen mit rund hundert Kilometer Fernsicht.

Kränkelnde Gletscher

Als Jugendlicher hatte der Venter Pfarrer und Tourismusvisionär Franz Senn noch erlebt, dass der Große Vernagtferner binnen weniger Jahre vorstieß und mit einer Eisbarriere das hintere Rofental versperrte. Dahinter staute sich ein Gletschersee, der in den 1840er Jahren mehrfach ausbrach und im Ötztal große Schäden anrichtete. Bereits im 17. Jahrhundert war das mehrfach der Fall gewesen, und damals pilgerten die Menschen zu den Gletschern, um sie durch Gebete zu bannen. Heute würde man sie am liebsten wieder herbeibeten. Denn wie allerorts in den Alpen sind die Eisriesen in den Tiefen des Ziller-, Stubai-, Ötz-, Pitz- und Kaunertals

Sommer-Funpark Möseralm:
Nervenkitzel im Fisser Flieger

Auch die Region um die Silvretta-Hochalpenstraße ist ein beliebtes Wandergebiet, in dem sich immer neue Eindrücke sammeln lassen.

Serfaus-Fiss-Ladis: Wenn im Frühling die letzten Schneereste dahinschmelzen, die Sonne noch nicht zu heiß ist und die Luft angenehm frisch, ist das Joggen in dieser Ferienregion ein reines Vergnügen.

Von der Pillerhöhe schwingt sich die Passstraße hinab ins Kaunertal.

in einem rasanten Schmelzprozess begriffen. Der einst gefährliche Vernagtferner ist nur mehr ein Schatten seiner selbst. Bis 2050, so sagen manche Glaziologen voraus, sei das Ende der Gletscher gekommen. Eine Horrorvision – nicht nur für die Tiroler und ihren Tourismus!

Seit vor 150 Jahren die Aufzeichnungen begannen, ging es den Gletschern in den Ostalpen noch nie so schlecht wie heute. Auch den Eisriesen in den Ötztaler Alpen attestiert der Gletscherbericht des Alpenvereins 2015/16 anhaltende Verfallserscheinungen. Was tun? Mancherorts schützt man besonders exponierte Gletscherflächen mit reflektierendem Vlies, andernorts verschaffen Hightech-Schneekanonen dem ewigen Eis Erleichterung. Und ein Freiluftlabor in Obergurgl erprobt seit 2014 erstmals eine Technik, mit der in einer Schneewolke hochwertiger Neuschnee ressourcenschonender als bisher hergestellt wird.

Renaissance der Sommerfrische?

Andererseits birgt der Klimawandel Chancen – für den Sommertourismus nämlich. Wenn die Prognosen stimmen und am Mittelmeer monatelange Gluthitze zur Norm wird, kann die „Sommerfrische" in den gemäßigt temperierten Alpen wieder an Zugkraft gewinnen. Seit 2007 wird für die Sommersaisonen in Tirol wieder ein Plus oder zumindest eine „schwarze Null" verzeichnet. Doch die sommerliche Konkurrenz ist größer als die im Winter. Wandern und Mountainbiken, Berge und Almen, Wellnessangebote und die gute Bergluft sind schließlich Standard im ganzen Land. Um sich von der Masse abzuheben, müssen neue Ideen und Attraktionen her.

Man besteigt die Seilbahn auf den Lazid, beobachtet von oben die Murmeltiere, genießt die Stille.

Abenteuer Berge in den Abenteuerbergen

Im Bemühen um Familien mit Kindern hat in Tirol die Region Serfaus-Fiss-Ladis die Nase weit vorn. Kinderhotels, Abenteuerspielplätze wie das „Murmliwasser" (siehe Unsere Favoriten S. 110) und fantasievolle Erlebniswege, auf denen mit detektivischem Spürsinn Herausforderungen zu meistern sind, überziehen das Plateau. Etwas Größere sammeln spannende Erfahrungen im Bikepark, im Fisser Flieger, der 50 Meter über der Möseralm dahingleitet, oder im Serfauser Sauser, einer Seilrutschanlage über 400 Höhenmeter. Spaß für alle Altersstufen, vom Badesee mit Flachwasserzone bis zum Ritt auf dem Schneisenfeger-Coaster, bietet der 2015 eröffnete Erlebnispark Hög. Die Extras kosten zwar, doch wer in Serfaus, Fiss oder Ladis übernachtet, hat das Basispaket aus Sommerseilbahnen und einer ganzen Menge fantasievoller Bergabenteuer auf jeden Fall kostenlos inkludiert.

Der perfekte Urlaubsmoment

Und wenn man von all dem genug hat, dann gibt es noch die natürlichen Attraktionen. Man besteigt die Seilbahn auf den Lazid, beobachtet von oben die Murmeltiere, die die Almwiesen mit einem Netzwerk von Wegen überzogen haben, genießt die Stille. Das reicht für einen perfekten Urlaubsmoment.

AREA47 IM ÖTZTAL

Nach Adrenalin schmeckt der Sommer

Seit ewigen Zeiten gilt Wandern als Inbegriff für einen sommerlichen Tirolurlaub. Nun sollen Outdoor-Erlebniswelten neue Akzente bringen – AREA47 im Ötztal setzt Maßstäbe.

Sind Sie schon einmal zu einer „menschlichen Kanonenkugel" geworden? Mit sechzig Sachen eine futuristische Wasserrutsche hinabgeflitzt? Oder haben Sie Bekanntschaft mit Flying Fox, Mega Swing und Deep Water Solo geschlossen? Nein? Dann waren Sie noch nicht in der 2010 eröffneten AREA47, dem „ultimativen Outdoor Playground Europas". Dessen Platz ist gut gewählt. AREA47 (abgeleitet von der Lage am 47. Breitengrad) findet sich am Eingang des Ötztals, genau dort, wo sich die Ötztaler Ache in den Inn ergießt. Mit der Imster Schlucht liegt ein ansehnliches Wildwassergebiet vor der Tür. Weit und breit gibt es keine Anwohner, die sich durch den Outdoor Playground gestört fühlen könnten. Dafür ist die Autobahn nah und garantiert eine rasche Anfahrt aus ganz Tirol.

Jauchzen vor Anspannung

Die über das Areal führende Brücke der Ötztalstraße haben die Macher des Erlebnisparks in ihr Konzept integriert: Die Unterseite präsentiert sich als regensicherer Hochseilgarten. Eingeklinkt in eine Sicherungsschiene hangeln sich Adrenalin-Junkies in dreißig Meter Höhe von Station zu Station. Viele machen der Spannung mit gellenden Jauchzern Luft.

Adrenalin strömt auch beim Mega Swing durch die Adern: Sich von der Plattform ins Nichts fallen zu lassen, kostet zwar Überwindung, dann aber schwingt man sanft unter der Brücke hin und her. Und das ist noch nicht alles. Ein Pfeiler der Autobrücke mutierte zur höchsten künstlichen Kletterwand Tirols.

Blickfang des „Abenteuerspielplatzes für Erwachsene" ist der silbern blitzende, futuristisch anmutende Wasserrutschenpark in einem künstlichen See, vom US-Sender CNN unter die vier besten Aqua-Parks der Welt gereiht. Bis auf 27 Meter kann sein Sprungturm ausgefahren werden. Ein Sprung aus einer solchen Höhe würde gegen die Philosophie des „abgesicherten Extremsporterlebnisses" gehen, die AREA47 vertritt. Also dürfen nur professionelle Klippenspringer ran, die zu Events extra ins Ötztal geholt werden.

Erlebnishungrige Besucher bekommen aber auch an eventfreien Tagen genug geboten. Etwa die Freefall-Rutsche. Speed-Rekord: 70 km/h. Ebenso spektakulär ist das Cannonball-Wasserkatapult: Platz nehmen, gefasst auf den Hochdruck-Wasserstoß von hinten warten, nach dem Flug über den halben Badesee elegant landen – und selbstverständlich den verdienten Applaus entgegennehmen.

„AREA47 heißt der Ort, wo man erfahren kann, wie Angst riecht, und wo man gleichzeitig so sicher ist wie in Abrahams Schoß."

Ob Wakeboarding, Water Ramp oder Surfslide Rutsche: Die Water Area lässt definitiv keine Wünsche offen!

AREA47: eine 13,4 Millionen Euro teure Outdoor-Erlebnis- und Abenteuerwelt der Superlative.

Der „ultimative Outdoor Playground Europas“: Wer will noch mal, wer hat noch nicht?

Vorsicht nur, dass man dabei keinem Wakeboarder in die Quere kommt! Freunde dieser Trendsportart können sich seit 2016 in der AREA47 am Kabel über einen 19 000 m² großen See ziehen lassen und dabei ihre Tricks und Stunts perfektionieren. Rafting, Canyoning und Höhlentouren haben ihren fixen Platz im Angebot. In einer wetterfesten Halle können Motorsportfreunde auf Enduros oder in Buggies geschnallt über Stock und Stein brettern. Und wenn man es an einem Tag nicht schafft, alle Aktivitäten unter einen Hut zu bekommen, übernachtet man einfach in der AREA47 – entweder in Blockhütten oder in Tipis aus Lärchenholz.

Viel erleben kostet viel

Attraktionen wie Hochseilgarten, Erlebnisbad, Sommerrodelbahn oder Kletterwand haben sich viele Orte zugelegt. AREA47 hält sich aber nicht mit Petitessen auf. Kein Zufall ist, dass gerade im Ötztal das Geld dafür aufgestellt wird. Mit Rafting begann man hier bereits vor 25 Jahren den Sommerurlaub zu entstauben.

Im Winter zählt das Ötztal zu den europäischen Trenddestinationen. Diese Erfahrungen flossen in AREA47 ebenso mit ein wie das Image der Partner, die in Sachen Sport und Lifestyle mit an Bord genommen wurden: Red Bull, Adidas, KTM. Sind die angeborenen Fluchtinstinkte erst einmal ausgeblendet, kann AREA47 durchaus ein „zweites Zuhause“ für einen Tag werden. Wer viel erleben will, muss jedoch auf die Kosten achten. Wer auf der 350 Meter langen Flying-Fox-Seilrutsche über die AREA47 gleitet, legt für ein Erlebnis von zwei Minuten 25 € hin. Günstiger ist es, sich einen langen Badetag zu machen, die abenteuerlichen Rutschen zu malträtieren oder tollkühnen Besuchern bei ihren Stunts zuzusehen. Ein prima Platz dafür ist die Terrasse des Lakeside Restaurants.

Area47

Die Freizeitwelt am Eingang des Ötztals, 50 km westlich von Innsbruck, ist mit dem Auto (A 12, Inntalautobahn) oder der Bahn (Ötztal-Bahnhof) gut zu erreichen. Es stehen eigene Parkplätze zur Verfügung.

Ende April – Ende Sept. tgl. ab 8.30, Badesee ab 10.00 Uhr; Ötztaler Achstraße 1, A-6430 Ötztal-Bahnhof, Tel. 0 52 66/8 76 76,
www.area47.at

Informationen über Adrenalin-Attraktionen in der Region Serfaus-Fiss-Ladis finden sich unter
www.serfaus-fiss-ladis.at/de/sommer

adidas
adidas

INNSBRUCK
Ötztaler Alpen
Naturpark Kaunergrat
Verwallgruppe
Samnaungruppe
Silvrettagruppe
Parco del Gruppo di Tessa
Hochtannbergpass
Flexenpass
Arlberg-pass
Arlbergtunnel 14 km
Strengertunnel 5851 m
Landecker Tunnel 6955 m
Roppener Tunnel 5,1 km
Milser Tunnel
Fernpass
Seefeld in Tirol
Imst
Landeck
Sölden
Serfaus
Galtür
St. Anton am Arlberg
Lech
Zürs
Nauders
Scuol
Längenfeld
Umhausen
Oetz
Zuckerhütl
Wildspitze
Weißkugel
Hoher Riffler
Parseier-Sp.
Silvretta-Hochalpenstraße
Kaunertaler Gletscher-panoramastr.
Zollausschluss-gebiet
1
2
3
4
5
6
7
8
Maßstab 1:360.000
0
3
6km

Wanderlust und Winterglück

In den Tälern, die vom Oberlauf des Inn tief in die vergletscherten Regionen der Zentralalpen führen, erfüllen sich Hunderttausende Urlauber ihren Traum vom perfekten Winterglück und bevölkern die großen Skischaukeln und Partyorte. Im Sommer regiert dagegen die – noch – stillere Wander- und Abenteuerlust.

1 Neustift

Nur wenige Autominuten von Innsbruck entfernt führt das 25 km lange Stubaital in die Fels- und Eiswelten der Stubaier Alpen. Neustift (4500 Einw.) ist der Hauptort.

SEHENSWERT
Das Wahrzeichen der Stadt ist die 1780 eingeweihte **Pfarrkirche** mit ihrem 52 m hoch aufragenden Turm.

Tipp

Therme mit Alpenblick

Die Ötztaler Themen Kristall, Wasser und Gletscher spiegeln sich auch in der Architektur der einzigen Tiroler Therme reizvoll wider. Während man entspannt im Thermalwasser dahintreibt, schweift der Blick über imposante Dreitausender. Von Ayurveda bis zum Heubad reicht das Wellnessspektrum. Auch auf kulinarische Weise verwöhnt das **€ € € € Thermenhotel**.

INFORMATION
Therme tgl. 9.00–23.00 Uhr, Anwendungen kürzer;
Aqua Dome, Oberlängenfeld 140,
A-6444 Längenfeld, Tel. 0 52 53 / 64 00,
www.aqua-dome.at

AKTIVITÄTEN
Der Himmel über Neustift hängt oft voller **Gleitschirme;** Tandemflüge sind bei der Flugschule Parafly zu buchen (Tel. 0 52 26 / 33 44, www.parafly.at). Die Elfer-Lifte erschließen ein grandioses **Wander-**, **Almen-** und **Klettergebiet;** majestätisch ist der Ausblick auf die Kalkmassive über dem Pinnistal.

UMGEBUNG
Wenige Kilometer sind es zur Mutterbergalm, der Talstation der **Stubaier Gletscherbahnen.** In Österreichs größtem Gletscherskigebiet (bis 3200 m) stehen auch Bergführer für Gipfelstürme bereit (Tel. 0 52 26 / 34 61, www.stubai-alpin.com). Eindrucksvolle Naturerlebnisse vom Gletscher bis ins vordere Stubaital beschert der **WildeWasserPark** (www.wildewasserweg.at). An der Ortseinfahrt von **Fulpmes** (5 km nördl.), der Endstation der Stubaitalbahn, liegt ein „Adventurepark" mit Hochseilgarten und tollem Mountainbike-Angebot (www.outdoorprofi.at; Mitte Juli – Mitte Sept. tgl. 10.00–19.00 Uhr, sonst kürzer oder geschl.).

INFORMATION
Tourismusverband Stubai Tirol,
Dorf 3, A-6167 Neustift im Stubaital,
Tel. 05 / 01 88 10, www.stubai.at

2 Stams

Skisprungschanzen und barocke Zwiebeltürme prägen die Skyline. Im Skigymnasium bereiten sich Jugendliche darauf vor, der Konkurrenz wegzufahren. Konkurrenzlos sind die Schätze des 1273 gegründeten Zisterzienserstifts, der bedeutendsten Klosteranlage Tirols.

SEHENSWERT
Blickfang der **Stiftskirche von Stams TOP-ZIEL** sind die prachtvoll geschmiedeten Gitter, allen voran das „Rosengitter" (1716 vollendet). Größter Schatz des Gotteshauses ist der frühbarocke Hochaltar in Form eines Lebensbaums mit 84 geschnitzten, großteils vergoldeten Figuren; prächtig sind auch die Gewölbe- und Wandbilder, Tradition hat die Klosterbrennerei (Tel. 0 52 63 / 62 42, www.stiftstams.at).

Ob mit der Gondel oder auf Skiern – im Stubaital, Ötztal oder Paznauntal kommt jeder auf seine Kosten.

INFORMATION
Sonnenplateau Mieming & Tirol Mitte,
Untermarktstraße 1, A-6410 Telfs
Tel. 0 52 62 / 6 22 45,
www.sonnenplateau.com

3 Sölden

Schneesicherheit, Gletscherskigebiete, Seilbahntechnik und Après-Ski-Angebote locken Wintersportgäste aus ganz Europa ins Ötztal. Für die Sommersaison will sich die 1150 erstmals genannte 3400-Einw.-Gemeinde als Extremsportmekka und durch Events profilieren.

Tipp

Bergsteigerruhe

Wem das quirlige Sölden zu hektisch ist, der findet im Bergsteigerdorf Vent (15 km südwestl.) eine ruhige Alternative. Entlang der tosenden Rofener Ache führt ein Weg zu den Rofen-Höfen, den höchstgelegenen ständig bewirtschafteten Höfen der Ostalpen (2014 m). Die Breslauer Hütte ist Ausgangspunkt für die Wildspitze (3768 m). Wer diese besteigen oder zur Ötzi-Fundstelle will, ist bei der Bergführerstelle Vent richtig (Tel. 0 52 54 / 81 06, www.bergfuehrer-vent.at). Auch Gries bei Längenfeld und Niederthai bei Umhausen setzen bewusst auf sanften Tourismus. Hinter den letzten Häusern führen schmale Täler tiefer in die Berge hinein, und schon spürt man die Ruhe der Ötztaler und Stubaier Alpen.

AKTIVITÄTEN
Lärchenwälder und Almen begleiten den Wanderer auf den Routen rund um das **Hoteldorf Hochsölden**. Der Panoramaweg vom Tiefenbachgletscher nach Vent zählt zu den schönsten Hochgebirgstouren im Tal (Trittsicherheit erforderlich). Fast 900 km lang sind die **Mountainbike-Routen;** dicht ist das Netz an Verleih- und Servicestellen. Mit der „Bike Republic Sölden" wächst seit 2015 am Berg ein Bikepark der Mega-Kategorie (www.oetztal.com).

UMGEBUNG
Die Schutzgebiete der Gemeinde Sölden bilden den **Naturpark Ötztal**. Im Sommer führen Naturparkbetreuer durch die 510 km² große hochalpine Region (www.naturpark-oetztal.at). Von Tirols Panoramastraßen ist die über das **Timmelsjoch** mit 2509 m die höchste, mautpflichtig und nur sommers geöffnet. Seit 2016 zeigt an der Passstraße das höchstgelegene Motorradmuseum Europas rund 170 Schmuckstücke. Die Sommerbusse zwischen Obergurgl und Moos im Passeier (Südtirol) vereinfachen Wanderungen in der Region. Bescheiden zeigt das Skidorf **Obergurgl** (15 km südl.) seine Schätze: den Obergurgler Zirbenwald und den UNESCO-Biosphärenpark Gurgler Kamm. **Längenfeld** (4000 Einw., nördl.) ist eine gute Basis für aktiven Erholungsurlaub: Wanderwege führen in die Welt der Dreitausender. Uralte Haustierrassen bevölkern den **Freilichtpark Ötzidorf** TOPZIEL in **Umhausen**, wo „Ötzis" Welt rekonstruiert wurde (www.oetzidorf.at; Mai – 26. Okt. 9.30 – 17.30 Uhr). 159 m stürzen die Wasser des nahen **Stuibenfalls** in die Tiefe, des höchsten in Tirol (Aussichtsplattform).
Oetz punktet mit altem Ortskern (Fassadenmalereien) und Turmmuseum (Landschaftsmalerei; Juni bis Okt., Mi. – So. 14.00 – 18.00 Uhr, sonst kürzer). Die Straße ins Sellraintal erreicht im Skiort Kühtai den höchsten Punkt (2020 m).

In der Breslauer Hütte spielt Hüttenwirt Alexander Scheiber schon mal auf. Idyllisch präsentiert sich die Almenwelt (rechts).

INFORMATION
Ötztal Tourismus, Gemeindestraße 4, A-6450 Sölden, Tel. 057 2 00 200
www.oetztal.com

4 Wenns

In die Gletscherwelt der Ötztaler Alpen führt auch das 40 km lange Pitztal. Am Talschluss wartet weitab vom Hauptort Wenns mit dem Pitztaler Gletscher ein Skigebiet auf Besucher.

SEHENSWERT
Das **Platzhaus** (1576) mit prachtvoller Renaissance-Bemalung ist das auffälligste Gebäude des gesamten Tals.

AKTIVITÄTEN
Am Hochzeiger bei Jerzens stellt seit 2015 ein Themenpark die Zirbe in den Mittelpunkt (www.hochzeiger.com). Österreichs höchster per Seilbahn erreichbarer Punkt ist der **Hintere Brunnenkogel** (3440 m) am Talschluss, das Panorama überwältigend und die Wildspitze (3768 m) zum Greifen nah.

INFORMATION
Tourismusverband Pitztal, Unterdorf 18, A-6473 Wenns, Tel. 0 54 14 / 8 69 99
www.pitztal.com

5 Feichten

Auch im Kaunertal erwartet die Skiläufer ein erschlossener Gletscher. Attraktionen sind, vorbei am Hauptort Feichten, zwei Panoramastraßen, die bis auf 1750 m führen, und ein mächtiger Stausee.

SEHENSWERT
Vor der Kammlinie des Kaunergrats ragt die barockisierte **Wallfahrtskirche Kaltenbrunn** (Urspr. 16. Jh.) eindrucksvoll am Taleingang auf. Den Weg über den Piller Sattel bei **Kauns** bewachte einst Burg Berneck; das Wehrwerk aus dem 15. Jh. kann im Sommer besichtigt werden (Sommer Do. und Fr., sonst Sa.).

AKTIVITÄTEN
Den **Gachenblick** u. a. erschließt die kostenfreie Straße vom Pitz- ins Kaunertal. Für die **Kaunertaler Gletscherstraße** wird eine saftige Maut erhoben – der Blick auf Stausee und Ferner entschädigt dafür (www.gletscherpark.com).

INFORMATION
Tourismusverband Tiroler Oberland, Infobüro Kaunertal, A-6524 Feichten Kaunertal, Tel. 0 50 / 22 52 00
www.kaunertal.com

6 Landeck

Die Bezirkshauptstadt (8000 Einw.) ist der Verkehrsknotenpunkt Westtirols. Umgehungstunnel haben die Lebensqualität des jahrhundertelangen Kontrollpunktes im Inntal verbessert, doch blieb nicht viel Platz für Prachtentfaltung.

SEHENSWERT
In ihrer Schlichtheit beeindruckend ist die gotische **Pfarrkirche** (1471–1521) mit dem Schrofensteiner Flügelaltar, einem Meisterwerk spätgotischer Schnitzkunst (1520).

MUSEUM
Das in **Schloss Landeck** (Urspr. 13. Jh.) hoch über der Stadt untergebrachte Bezirksmuseum thematisiert u. a. die Migrationsgeschichte des Oberlandes. Sehenswert auch Burgkapelle und Gerichtszimmer (Schlossweg 2, www.schlosslandeck.at; Mitte April – 26. Okt. tgl. 10.00 bis 17.00 Uhr, sonst kürzer).

UMGEBUNG
In **Stanz** und **Grins** werden gute Edelbrände produziert. Das Zammer Loch in **Zams** (3 km nordöstl.) ist eine der schönsten Wildwasserschluchten Tirols. Das Archäologische Museum in **Fliess** (4 km südöstl.) zeigt u. a. Schmuck und Waffen aus der Bronze- und Eisenzeit (Fließ 89; Mai – Okt. Di. – So. 10.00 – 12.00, 15.00 – 17.00 Uhr); hier ist auch das Dokumentationszentrum zur Via Claudia Augusta.

INFORMATION
Tourismusverband TirolWest, Hauptplatz 6, A-6511 Zams, Tel. 0 54 42 / 6 56 00
www.tirolwest.at

7 Serfaus

Das Sonnenplateau von Serfaus, Fiss und Ladis zählt zu den familienfreundlichsten Regionen Tirols und bietet seinen Gästen die budgetfreundliche Sommer Card an. Hauptort ist Serfaus (1000 Einw.), das mit der ersten Seilbahn in den 1950er-Jahren einen rasanten Aufschwung verzeichnete.

AKTIVITÄTEN
Kinder lieben die „Abenteuerberge" mit drei Erlebniswegen, Abenteuerspielplätze wie das **Murmliwasser** (siehe Unsere Favoriten S. 110) und den **Sommer-Schneepark** auf der Möseralm. Ein Badesee auf 1820 m Höhe dominiert den 2015 eröffneten Erlebnispark **Hög.** Zweiter Schwerpunkt sind Seilrutschen, Coaster-Bahnen und Mountainbikes.

UMGEBUNG
In **Nauders** (25 km südl.) erinnern ein Sperrfort aus dem 19. Jh. (Militärmuseum) sowie das Museum auf Schloss Naudersberg an die einstige Bedeutung des Reschenpasses. Wie eine Filmkulisse zeigt sich das in der Innschlucht gelegene **Altfinstermünz** mit der Feste Sigismundeck (www.nauders.com).

INFORMATION
Serfaus-Fiss-Ladis Information,
Gänsackerweg 2, A-6534 Serfaus,
Tel. 0 54 76 / 62 39, www.serfaus-fiss-ladis.at
und www.murmli-berta.at (die Kinderversion)

8 Galtür

Die wegen der Lawinenkatastrophe von 1999 bekannte 800-Einw.-Gemeinde bietet das abwechslungsreichste Sommerprogramm im Paznauntal. Für sein Wintersportangebot ist Ischgl bekannt.

SEHENSWERT
Das **Alpinarium Galtür** ist Bestandteil einer 345 m langen und bis zu 19 m hohen Lawinenschutzwand, die sich in das Dorfbild einfügt (Tel. 0 54 43 / 2 00 00, www.alpinarium.at).

AKTIVITÄTEN
Galtür ist ein **Wanderparadies** – leichte Wanderungen führen ins Jamtal, kräfteraubender sind die Gipfel der Silvretta-Gruppe (auch Bergführerangebot). **Ischgl**, als Partyskiort bekannt und im Sommer einer Geisterstadt ähnlich, kümmert sich um die als „trendiger" angesehenen **Mountainbiker**; 1200 km umfasst die „Silvretta-Bikearena".

VERANSTALTUNG
Gourmets merken sich die **Galtürer Almkäse-Olympiade** Ende Sept. vor.

UMGEBUNG
Zu den Traumrouten der Alpen zählt die mautpflichtige **Silvretta-Hochalpenstraße** TOPZIEL ins Voralberger Montafon.

INFORMATION
Tourismusbüro Galtür,
Galtür 39, A-6563 Galtür,
Tel. 05 09 90 / 2 00
www.galtuer.com

Genießen Erleben Erfahren

DuMont Aktiv

Zu einer Alm wie einst

Sölden im Ötztal ist einer der schrillsten Wintersportorte der Alpen. Im Sommer präsentiert sich der Ort gelassen und liebenswert, etwa auf einer Almenwanderung.

Einen guten Einstieg in die Ötztaler Almenwelt bietet das Hoteldorf Hochsölden. Mit dem Sessellift sind die 700 Höhenmeter vom Tal rasch überwunden. Jenseits der Baumgrenze entfaltet sich Bergblumenpracht, das Bimmeln von Kuhglocken dringt nach oben. Von der Hektik, die Sölden im Winter ausstrahlt, ist nichts zu spüren.

Zum malerischen Peerler See? Noch ambitionierter: zur Rotkogeljochhütte? Oder gemütlich an der 2000-Meter-Marke zur Rettenbachalm an der Gletscherstraße marschieren? Ganz gleich, welche Almenrunde den Zuschlag erhält: Eine Einkehr in der Gampe Thaya sollte nicht fehlen. Mit Kaminwurz'n, Hauswurst, Bauernsalat und Ötztaler Schafskäse auf Blattsalat kümmert man sich hier ums leibliche Wandererwohl. „Wir sind nicht auf der Würstel- und Pommes-Schiene", stellt Betreiber Jakob Prantl klar.

Almengrün, latschengrün, gipfelgrau und schneeweiß türmen sich gegenüber die Stubaier Alpen auf. Die unbestrittene Majestät der Eisberge ist das 3507 Meter hohe Zuckerhütl. Ein Panorama, das es einem schwer macht, wieder ins Tal abzusteigen.

Weitere Informationen

Den perfekten Einstieg für Almen- und andere Wanderungen findet man in **Hochsölden**, von Sölden aus per Sessellift bequem erreichbar.

Zur **Gampe Thaya** spaziert man ca. 40 Min. Die Almhütte setzt nur auf regionale Spezialitäten.

Mitte Juni – Anf. Oktober,
Mo. Ruhetag;
Tel. 06 64 / 2 40 02 46,
www.gampethaya.at

Auf **Söldens Internetseite** findet man unter „Wandern" Tourenvorschläge, Seilbahnen und viel mehr: *www.soelden.com*

Almwandern ist ein echter Genuss und schlägt damals wie heute Alt und Jung in seinen Bann.

Schön und ursprünglich

Das Land an Isel und Drau ist das stille, ursprünglichere Tirol. Der Tourismus ist um einiges sanfter, die Liftanlagen sind kleiner, und statt Bettenburgen findet man wunderschöne bäuerliche Architektur und Dörfer, in denen die Zeit stehen geblieben zu sein scheint. Der Nationalpark Hohe Tauern ist das Schmuckstück, das dem Süden zugewandte Lienz das vitale Zentrum Osttirols.

Die Ködnitz-Alm im gleichnamigen Tal
vor der Großglockner-Kulisse

Die Venediger-Gruppe ist die am stärksten vergletscherte Region der Hohen Tauern (rechte Seite oben). Darunter: Vom Berggasthaus „Strumerhof“ blickt man hinab auf Matrei und hinüber auf die beeindruckende Bergwelt Osttirols. Rechts: Bauernhauspracht im Kalsertal. Unten: Oberhalb der Umbalfälle geht es an der jungen Isel entlang.

Kommen Sie zu uns – wir haben nichts!“ Der Slogan stammt aus Osttirol und ist natürlich als kleine Provokation gedacht. Womit Osttirol ködern will, ist die Abwesenheit dessen, was andere Orte an Begleiterscheinungen des Massentourismus kennen: eine von Liftstützen verschandelte Landschaft, riesige Betonburgen, Verkehrsinfarkt und gesalzene Preise. In Osttirol dominiert noch das Ursprüngliche, Unverfälschte. Zum Beispiel am Strumerhof, der wie ein Schwalbennest an einem Hang hoch über Matrei klebt. Hier hat Anna Holzer altes Kräuterwissen wiederbelebt und verleiht damit ihren Gerichten wie Lamm im Bergheu, Brennnesselknödel oder Unkrautsuppe den letzten Touch. Auch einen „Liebestee“ kann sie brauen. Dienstagnachmittag bekommen Kinder Einblick in die Waldzwergenapotheke. Und wer vom Zedlacher Paradies, einem Zauberwald mit uralten Lärchen, heraufgewandert ist und bei einer Holunderlimonade auf der Terrasse verschnauft, dem bietet sich ein märchenhafter Ausblick auf Lienzer Dolomiten und Granatspitz-Gruppe.

„Intelligenter“ Tourismus

Den Osttirolern sagt man nach, dass sie eigenbrötlerisch und stur sein können. Im Villgratental bei Sillian setzen sich die Menschen schon seit Langem gegen den Anschluss an einen Skizirkus zur Wehr. „Das passt einfach nicht zu uns“, sagt Josef Schett, Schafbauer und Unternehmer aus Innervillgraten. Mit der ihnen eigenen Weitsicht setzen die Villgratener auf, wie sie sagen, „intelligenten“ Tourismus. Gäste finden in der intakten bergbäuerlichen Kulturlandschaft mit ihren jahrhundertealten Höfen Ruhe, unverfälschte Küche sowie jede Menge Wandermöglichkeiten. Im Winter strömen Skitourengeher in das abgeschiedene Tal an der Grenze zu Südtirol. Mit Schafzucht und Ab-Hof-Verkauf bäuerlicher Produkte haben sich die Innervillgratener ein zweites Standbein geschaffen. Und siehe da – obwohl

Lienz, die Osttirol-„Metropole", liegt zu Füßen …

… der wehrhaften Burg Schloss Bruck, hinter der die Lienzer Dolomiten aufragen (oben). Ihren Namen verdankt die von 1252 bis 1277 als Residenz der Grafen von Görz erbaute Burg der Brücke, die unterhalb des Schlossbergs über die Isel führt. Rechts ein Straßencafé in Lienz.

In Lienz beginnt's – oder war das Linz? Egal: Den hübschen Ort mit seinen die Hauptstraße säumenden Cafés sollte man auch als Radler nicht links (oder rechts) liegen lassen.

Special

Albin Egger-Lienz

Zwischen Tradition und Moderne

Wie kein anderer Maler verkörpert Albin Egger-Lienz (1868–1926) den Eintritt der Tiroler Kunst ins Zeitalter der Moderne.
Lange Zeit galt der gebürtige Osttiroler, der seinem Namen jenen seiner Heimatstadt hinzufügte und mehrfach eine Professur ausschlug, als „Bauernmaler". Dass Egger-Lienz vielschichtiger war, zeigt die umfassende Sammlung auf Schloss Bruck. Sie spannt einen Bogen von den Anfängen seines künstlerischen Schaffens, in denen die Tradition und das menschliche Schicksal als Spannungsfeld zwischen Werden und Vergehen eine große Rolle spielt, bis hin zu bildgewaltigen und expressionistischen Arbeiten, in die Egger-Lienz seine Erfahrungen im Ersten Weltkrieg einfließen ließ. Was Erich Maria Remarque in seinem Werk „Im Westen nichts Neues" literarisch aufarbeitete, setzte Egger-Lienz in erschütternde Bilder um. Sie zeigen gesichtslose Soldaten, die im Gleichschritt in den Untergang marschieren, Soldatenleichen, die die Farbe von Erde angenommen haben. Zeitlos in ihrer Aussage, haben die Bilder des Künstlers bis heute nichts von ihrer Wirksamkeit verloren.

Aus der Sammlung auf Schloss Bruck

der tausend Einwohner zählende Ort weder Megaskischaukeln noch Megaevents oder Megahotels kennt, verzeichnet er keine Abwanderung.

Urlaub auf der Alm

Das schönste Almdorf Tirols liegt im innersten Villgratental: die Oberstaller Alm. Ein Ensemble aus 19 sonnenverbrannten Hütten, die sich in windgeschützter Lage auf 1900 Meter Höhe zusammendrängen. 1675 wurde die Alm erstmals urkundlich erwähnt, seit 1986 steht sie unter Denkmalschutz.

Zwischen den zweigeschossigen Hütten sticht weiß leuchtend eine kleine Kapelle heraus. Das beschauliche, in Lärchenwäldchen eingebettete Almdorf zieht neben den Kühen und Schafen, die im Juni heraufgetrieben werden, auch Urlauber an. Bevorzugt verbringen sie den Nachmittag auf den Balkonen der nach Süden ausgerichteten Hütten, schmökern in einem Buch, lassen sich von der Sonne bräunen oder lauschen dem Klang des Wildbachs nebenan. Wer in diesem Idyll eine Hütte ergattert hat, nimmt gern in Kauf, sich mit kaltem Quellwasser waschen und den Herd selbst in Gang bringen zu müssen. Alles hinter sich lassen, das ist in Osttirol leicht möglich, und doch stülpt sich über diese Region keine Glocke der Ursprünglich-

Von der Pustertaler Höhenstraße geht der Blick auf die Lienzer Dolomiten mit dem Spitzkofel.

Fromme Ansicht in Obertilliach

Auf dem Weg nach Kärnten:
Pfarrkirche von Kartitsch im Lesachtal

Die Isel bei Ainet eignet sich gut fürs Rafting.

keit. Auch hier werden Initiativen und Jobs gesucht, um die Jungen im Land zu halten. Hier und da entsteht ein größeres Skigebiet wie etwa die Skischaukel zwischen Kals und Matrei mit der Adler Lounge auf gut 2500 Meter Höhe als Aushängeschild. Hier kann man stilvoll übernachten und mit Traumblicken auf die Bergwelt Gourmetküche genießen. Doch gegen ein Megavorhaben leisteten die Osttiroler Widerstand: In den 1980er-Jahren planten Landesregierung und Elektrizitätswirtschaft, das Dorfertal bei Kals zu fluten und hinter einer 220 Meter hohen Staumauer verschwinden zu lassen. Als Gigantomanie brandmarkten Naturschützer das Projekt. Als Speerspitze der Opposition taten sich die Kalser Frauen hervor, was Landeshauptmann Eduard Wallnöfer zu dem Ausspruch veranlasst haben soll: „Mit den Weiberleuten möchte ich mich nicht anlegen." 1987 votierten die Kalser gegen den Staudamm, 1989 kam dann das endgültige Aus.

Das ebnete den Weg für Tirols Beteiligung am Nationalpark Hohe Tauern, der in Salzburg und Kärnten schon Gestalt angenommen hatte. Er bildet heute das touristische Rückgrat der Region und ist mit 1800 Quadratkilometern größtes Schutzgebiet Mitteleuropas, eine einzigartige Naturlandschaft, in der über ein Drittel aller in Österreich bekannten Pflanzenarten und die Hälfte der Säugetierspezies, Vögel, Reptilien und Amphibien heimisch ist. In manchen Hochtälern treten bis zu 700 Schmetterlingsarten auf. Ein dichtes Netz von Natur- und Kulturlehrwegen überzieht den Nationalpark. Eine meist kurze Wanderung, und schon steht man an den sprühenden Kaskaden der Umbalfälle oder im Innergschlöss – mit seiner blendend weißen Gletscherumrahmung einer der schönsten Talschlüsse der Ostalpen.

Der Süden ist nah

Die traditionelle Verbundenheit zu Südtirol merkt man auch an der Sprache. Ein „sell" (das) oder ein „zem" (dann oder dort) ist in Osttirol oft zu hören, in Nordtirol dagegen kaum. Über Jahrhunderte hinweg war Osttirol eher Bruneck und Brixen zugewandt als Innsbruck. Das gilt auch für die Kunst. Ob Schloss Bruck in Lienz, die Wallfahrtskirche in Obermauern oder die Kirchlein an der Pustertaler Höhenstraße: Die Meister, die das Land mit Fresken und kunstvollen Altären beschenkt haben, stammen aus der Pustertaler Malerschule, die im 15. und 16. Jahrhundert zu den einflussreichsten der Alpen gehörte.

In Lienz, dem überraschend hellen, lebenslustigen Zentrum Osttirols, geht es schon leicht mediterran zu, wobei man nicht genau weiß, ob die Herzlichkeit der Lienzer, das Licht, die vielen italienischen Touristen oder der hervorragende Cappuccino bei „Petrocelli's" am Hauptplatz das südliche Flair erzeugen. Das Städtchen ist Provinz im besten Sinne. Ausstellungen auf Schloss Bruck überraschen mit Themen und Weitsicht, die so gar nicht dem Klischee vom Ende der Welt entsprechen. Schade, dass das Land nur im Sommer geöffnet scheint, wie Öffnungszeiten von Museen und anderen Einrichtungen signalisieren. Im Herbst versinkt Osttirol in einen Dornröschenschlaf. Vielleicht ist das den Osttirolern aber gar nicht so unrecht, denn es war die lange Isolation, die ihnen manche Fehler vermeiden half, wie sie im Norden gemacht worden sind.

In Lienz geht es schon leicht mediterran zu.

Die besten Familien-Erlebnistipps

Das erleben Kinder (nur) in Tirol!

Hauptsache, den Kleinen geht es gut – das ist die wichtigste Regel für einen Familienurlaub, bei dem sich alle wohlfühlen. Einen Waldseilgarten oder einen Abenteuerspielplatz findet man in Tirol an jeder Ecke, darüber hinaus auch Ungewöhnliches. Ein Streifzug von West nach Ost!

1 Das Murmliwasser, Serfaus

Ein begehbarer Murmeltierbau mit über 200 Metern Länge bildet das Highlight des hoch über Serfaus gelegenen Murmliwassers. Kleine Alpensalamander tummeln sich im Teich, der nahe Bach ist in das Erlebniskonzept eingebunden. Murmeltiere grüßen aus ihrem Gehege, wenn sie nicht gerade ausgebüxt sind. Die Eltern haben freie Sicht auf die Schützlinge – und auf ein wunderschön gelegenes Hochtal. All das macht das Murmliwasser zum bezauberndsten der mit Erlebnisspielplätzen nur so gespickten Urlaubsregion Serfaus-Fiss-Ladis.

Murmliwasser, Mittelstation Komperdellbahn, A-6534 Serfaus, Tel. 05476/6203, https://www.serfaus-fiss-ladis.at/de/sommer/highlights/murmliwasser, Mitte Juni – Sept. geöffnet

2 Das Ötzi-Dorf, Umhausen

Im Ötzi-Dorf haben Archäologen eine Brücke zum berühmten Mann aus dem Eis geschlagen, der vor 5300 Jahren lebte. Auerochsen, Soay-Schafe, Wollschweine und weitere uralte Haustierrassen, die bereits in Ötzis Welt ihren Platz hatten, tummeln sich auf dem Gelände. Mit Feuerschlagen, Fladenbrot-Backen und Lederbeutel-Basteln werden die jungen Gäste voll in das prähistorische Geschehen eingebunden. Seit 2015 befindet sich ein Greifvogelpark in der Nachbarschaft.

Archäologischer Freilichtpark Ötzi-Dorf, Am Tauferberg 8, A-6441 Umhausen, Tel. 05255/50022, www.oetzi-dorf.at/, Mai – Okt. geöffnet

3 Der Alpenzoo, Innsbruck

In den naturnah gestalteten Gehegen, Volieren und Terrarien des Alpenzoos tummelt sich, was in der Alpenfauna Rang und Namen hat. Stars sind Luchs, Steinbock, Bär und Bartgeier, die man auf freier Wildbahn nur mit Riesenglück zu sehen bekommt. Wenn die Innsbrucker Kirchenglocken läuten, antworten die Wölfe mit schaurigem Geheul! Bestes Naturkino – auch als Schlechtwetterprogramm eine Empfehlung!

Alpenzoo, Weiherburggasse 37, A-6020 Innsbruck, Tel. 0512/292323, www.alpenzoo.at, tgl. geöffnet

4 Der Kugelwald am Glungezer

Kreuz und quer ziehen sich an der Mittelstation der Glungezer-Bahn Holzbahnen durch den Wald. Hier können die Kleinen die Kugel aus Zirbenholz rollen lassen und beobachten, wohin der Weg sie führt. Kugellifte, Sprungschanzen und jähe Kurven sorgen für Spannung. Angehende Baumeister können Bauelemente selber zu einer neuen Zirben-Kugelbahn zusammenstellen. Am Ruheplatz können Erwachsene derweil eine „ruhige Kugel schieben".

Kugelwald, Mittelstation Glungezerbahn, A-6075 Tulfes, Tel. 05223/455440, www.kugelwald.at, Kugelverleih € 2.-, Juni bis Anfang Okt. geöffnet

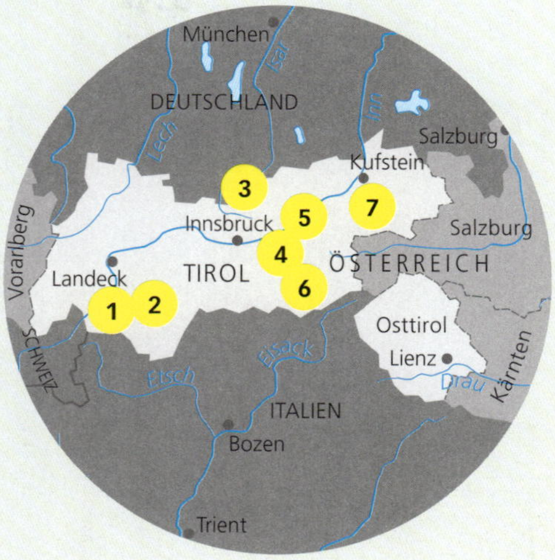

5 Das Haus, das Kopf steht

Tische, Stühle, eine ganze Küche und auch der Rest der Einrichtung hängen von der Decke des Einfamilienhauses, das in Terfens scheinbar vom Himmel gefallen und auf dem Giebel gelandet ist. In der Garage parkt ein VW-Käfer „oben", und der Besucher kommt sich vor wie eine Fledermaus. Da kann einem schwindlig werden! Radikales Umdenken ist jedenfalls gefragt. Ein fantasievoller Spaß für einen verregneten Tag und ideal für skurrile Fotos.

Haus steht Kopf, Stublerfeld 1, A-6123 Terfens, Tel. 0 52 42 / 2 17 20, www.hausstehtkopf.at/, ganzjährig geöffnet

6 Schau-Sennerei & Schau-Bauernhof, Mayrhofen

Von der Kuh ins Kühlregal: Mit pfiffigem Anschauungsunterricht und Verkostungen zeichnet die Schau-Sennerei Zillertal für junge Besucher nach, woher die Milch kommt und wie aus dem Naturprodukt wertvolle Lebensmittel entstehen. Seit 2015 ist dem Ensemble auch ein Schau-Bauernhof mit Kühen, Ziegen, Schafen und Hühnern angegliedert. Toben im Heu ist ein fixer und immer beliebter Programmpunkt, und angehende Landwirte können sich am Minitraktor versuchen.

ErlebnisSennerei Zillertal, Hollenzen 116, A-6290 Mayrhofen, Tel. 0 52 85 / 6 27 13, www.sennerei-zillertal.at, ganzjährig geöffnet

7 Das Hexenwasser, Söll

„Wasser marsch" lautet die spritzige Devise an der Mittelstation der Hohen Salve-Seilbahn in Söll. Wasserspiele allerorts lassen keine Langweile aufkommen. An Sand und Matsch, Bagger- und Schaufelmöglichkeiten herrscht kein Mangel. Auch indoor gibt's viel zu erleben – seit 2015 laden die Erlebnisstationen des „Blauen Wunder" zum Experimentieren ein. Achtung: Eine Ersatzgarnitur Kleidung und ein Handtuch mitnehmen!

Hexenwasser Hochsöll, Stampfanger 21, A-6306 Söll , Tel. 0 53 33 / 52 60, www.hexenwasser.at, Ende Mai – Mitte Okt. geöffnet

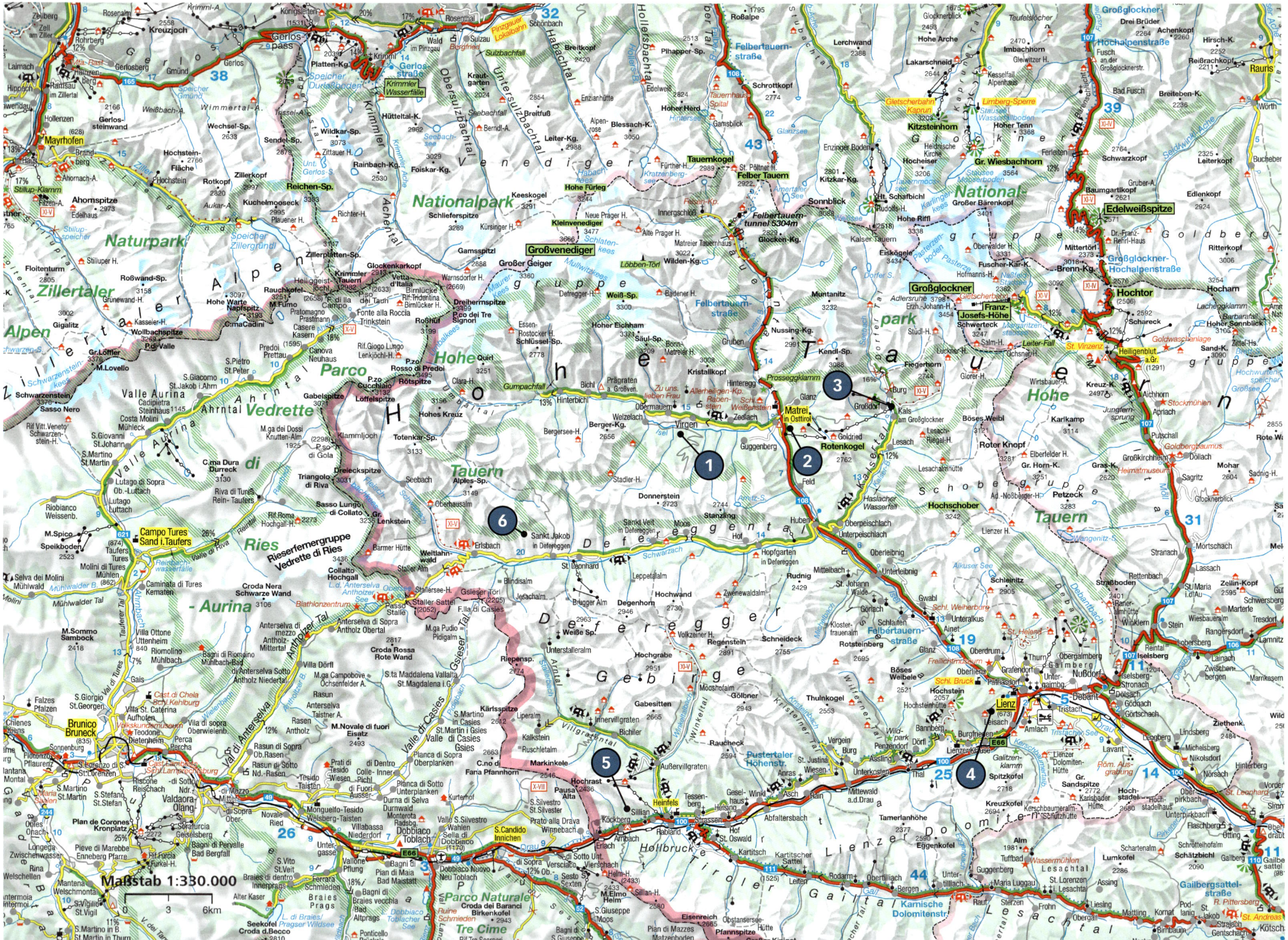

Nationalpark Hohe Tauern
Großvenediger
Großglockner
Franz-Josefs-Höhe
Edelweißspitze
Hochtor
Großglockner-Hochalpenstraße
Felbertauernstraße
Felbertauerntunnel 5304m
Gerlospass
Krimmler Wasserfälle
Matrei in Osttirol
Rotenkogel
Lienz
Heinfels
Sillian
Sankt Jakob in Defereggen
Defereggental
Defregger Gebirge
Heiligenblut
Mayrhofen
Naturpark Zillertaler Alpen
Rieserfernergruppe Vedrette di Ries
Parco Vedrette di Ries - Aurina
Campo Tures Sand i.Taufers
Brunico Bruneck
Dobbiaco Toblach
S.Candido Innichen
Parco Naturale Tre Cime
Lienzer Dolomiten
Karnische Dolomitenstr.
Gailbergsattelstraße
Maßstab 1:330.000
0 3 6km

Auf dem Südbalkon

Ursprünglich und vom Massentourismus weitgehend verschont präsentiert sich Osttirol auf der Südseite der Alpen. Mit dem knapp 3800 Meter hohen Großglockner erhebt sich hier der höchste und bekannteste Berg Österreichs.

1 Virgen

Virgen ist Hauptort des gleichnamigen Tals, das sich in die Venediger-Gruppe erstreckt. Die 2100-Einw.-Gemeinde steht für Erholung pur.

SEHENSWERT
Die spektakulären **Umbalfälle**, von Ströden am Talende erreichbar, sind durch einen Schaupfad erschlossen. Wo die junge Isel in Katarakten talwärts stürzt, zeigen sich Strudeltöpfe und Auskolkungen.

AKTIVITÄTEN
Von Prägraten führt über die Johannishütte eine klassische Route auf den vierthöchsten Gipfel Österreichs, den 3666 m hohen **Großvenediger** (nur mit Erfahrung oder Bergführer). Der Venediger-Höhenweg (ca. 7 Tage) bietet ein „Best of" der gleichnamigen Gruppe.

Tipp

Spätgotische Fresken

Ein berückend schöner Passionsfreskenzyklus schmückt die von uralten Bauernhöfen umgebene spätgotische Wallfahrtskirche Maria Schnee in Obermauern. Vier Jahre lang hat Simon von Taisten, ein Mitglied der berühmten Pustertaler Malschule, mit großer Liebe zum Detail (man beachte, wenn man vor Ort ist, den Teufel) an dem bunten Bilderbogen gearbeitet, bis er 1488 fertiggestellt war.

Im Virgental gibt es Arnitzalmen und Zedlacher Paradies – ein uralter Lärchenwald – zu entdecken, im Dorfertal das Kirchlein St. Georg.

INFORMATION
Nationalparkregion Hohe Tauern Osttirol, Virgentalstraße 77, A-9972 Virgen, Tel. 0 50 / 21 25 20, www.osttirol.com/regionen/nationalparkregion/orte-taeler/virgen.html

2 Matrei

In der Marktgemeinde Matrei (5000 Einw.) in Osttirol laufen die Aktivitäten des Tiroler Anteils am Nationalpark Hohe Tauern zusammen.

SEHENSWERT
Im **Nationalparkzentrum** („Tauernwelten") werden u. a. Adler und Gämsen präsentiert (Kirchplatz 2, Tel. 0 48 75 / 51 61 10; Juli – Sept. Mo.–Sa. 10.00 –18.00 Uhr, sonst kürzer). Das Kirchlein **St. Nikolaus** am Virgental-Eingang zählt zu Tirols ältesten Sakralbauten (12. Jh.).

HOTEL
Das **€ € Hotel Hinteregger** bietet den Komfort, den man sich nach einem Wandertag ersehnt (Hintermarkt 4, A-9971 Matrei in Osttirol, Tel. 0 48 75 / 65 87, www.hotelhinteregger.at).

RESTAURANT
Mit Osttiroler Spezialitäten verwöhnt der Virgentaler **€ € Strumerhof** (Anfahrt über Zedlach, Tel. 0 48 75 / 63 10).

INFORMATION
Nationalparkregion Hohe Tauern Osttirol, Rauterplatz 1, A-9971 Matrei in Osttirol, Tel. 0 50 / 21 25 00, www.osttirol-nationalpark.at, www.matreiosttirol.at

3 Kals

Kals (1300 Einw.) ist Ausgangspunkt für Touren in die Schober-, Glockner- und Granatspitz-Gruppe. Der Großglockner (3798 m) wurde 1800 von Kärnten aus erstmals bezwungen.

SEHENSWERT
Natur und Geschichte der Region präsentiert das **Kalser Glocknerhaus** (Juli – Sept. Mo., Mi., Fr. 15.00 –18.00 Uhr, Nebensaison/Winter Fr. 14.30 –17.30 Uhr). Auf den Dorfer-Feldern steht **St. Georg** allein auf weiter Flur.

AKTIVITÄTEN
Den besten Blick auf den **Großglockner** TOPZIEL hat man vom Ködnitztal am Ende der (mautpflichtigen) Kalser Glocknerstraße. Ein

Tipp

Nationalpark-Programm

Wanderungen und Exkursionen, auch für Kinder, bietet die Nationalparkverwaltung im Sommer an. Das Spektrum reicht von der Wildtierbeobachtung bis zur zweitägigen Kalser Gletscherreise mit Abseilen in eine Gletscherspalte. Der „Nationalpark-Wanderbus" verbindet Kals, das Virgen-, Defereggen- und Gschlösstal mit den Zentren Matrei und Lienz – bequem und umweltschonend.

INFORMATION
Anmeldung beim Nationalparkservice erforderlich: Tel. 0 48 75 / 51 61 10 oder nationalparkservice.tirol@hohetauern.at; weitere Infos bei den Touristikverbänden und Nationalpark-Informationsstellen, www.hohetauern.at

wenig erinnert seine Silhouette an den Mount Everest, stünden da nicht im Vordergrund Almhütten und Wegkreuze. Wer Gipfelluft schnuppern will, sollte erfahrener Alpinist sein oder die Erfahrung eines Kalser Bergführers nutzen (Tel. 06 64/41 61 289, www.bergfuehrer-kals.at).

HOTEL
Auf Wanderer hat sich der **€ € € € Taurerwirt** spezialisiert (Burg 12, A-9981 Kals, Tel. 0 48 76 / 82 26, www.taurerwirt.at).

INFORMATION
Nationalparkregion Hohe Tauern Osttirol, Ködnitz 7, A-9981 Kals am Großglockner, Tel. 0 50 / 21 25 40, www.kalstourismus.at

Im Gschlösstal lockt das Almdorf Außergschlöss (links) mit idyllischem Flair. Oben ein traditionelles Bauernhaus mit Blumenschmuck in Kals.

4 Lienz

Lienz (12 000 Einw.), der Hauptort Osttirols, ist ein lebhaftes Städtchen mit dem einstigen römischen Handelsplatz Aguntum direkt vor den Toren. Die gräflich-görzsche Residenz (13.–15. Jh.) fiel 1500, nach dem Aussterben der Dynastie, mit Osttirol an die Habsburger.

SEHENSWERT/MUSEUM
Der von stattlichen Bürgerhäusern – u. a. der Liebburg (1605; Rathaus) – gerahmte **Hauptplatz** verwandelt sich im Sommer in eine Fußgängerzone mit südländischem Flair. An der Isel sind noch Reste der **Stadtmauern** zu sehen. In der **Kriegergedächtniskapelle** bei der **Pfarrkirche St. Andrä** (13. und 14. Jh.) am Nordufer ist das Fresko „Der Auferstandene" zu bewundern, mit dem Albin Egger-Lienz 1925 den Klerus schockte.
Das im 13. Jh. unter den Görzer Grafen erbaute **Schloss Bruck** beherbergt das **Museum der Stadt Lienz** und ist wichtigstes Kulturzentrum Osttirols. Herausragend sind die Werke des Malers Albin Egger-Lienz. Sehenswert ist auch die Kapelle mit ihren spätgotischen Fresken (www.museum-schlossbruck.at; Mai, Juni Di. bis So. 10.00–17.00, Juli, Aug. tgl. 10.00–18.00, Sept., Okt. Di.–So. 10.00–16.00 Uhr).

AKTIVITÄTEN
Auf **Themenwegen** lässt sich die Stadt gut erwandern. Die Umgebung ist durch **Radwege** perfekt erschlossen. Das Zettersfeld (Lift oder Mautstraße) ist der Aussichtsbalkon der Lienzer und ihr erstes **Wander-** sowie **Skigebiet. Rafting** auf der Isel kann man mit Adventurepark Osttirol flussaufwärts in Ainet erleben (Tel. 0 48 53 / 2 00 30, www.ota.at).

RESTAURANT
Schlipfkrapfen, Brettljause und ein schöner Blick sind die Attraktionen vom **€ € Gribelehof** (Schlossberg 10, Tel. 0 48 52 / 6 21 91).

UMGEBUNG
Der **Tristacher See** (4 km südöstl.) ist der einzige Badesee Osttirols. Schäumend stürzt das Wasser in der Galitzenklamm bei Leisach (3 km südwestl.) hinab zur Drau. Östl. Lienz liegen die Ruinen der Römerstadt **Aguntum.** Präsentiert werden die Funde in einem spektakulären Museum (Dölsach, www.aguntum.info; Mai Mo. bis Sa. 9.30–16.00, Juni–Mitte Sept. tgl. 9.30 bis 16.00, dann bis 26. Okt. Mo.–Sa. 9.30–16.00).

INFORMATION
Ferienregion Lienzer Dolomiten, Mühlgasse 11, A-9900 Lienz, Tel. 0 50 / 21 24 00, www.lienzerdolomiten.net

5 Sillian

Sillian (2100 Einw.) stellt den Hauptort des Hochpustertals dar. Der Grenzort ist ein beliebter Einstieg in den Drau-Radweg sowie den Karnischen Höhenweg.

Tipp

Highlights und Panorama

Hoch über dem Nordufer der Drau schlängelt sich die Pustertaler Höhenstraße von Weiler zu Weiler. Richtung Lienz bauen sich gegenüber die Zacken und Türme der Lienzer Dolomiten immer höher und imposanter auf. Einen Stopp wert ist der Wildpark in Assling, wo man nach der Begegnung mit Luchs und Co. sowie einer Fahrt auf der Sommerrodelbahn beim Bärenwirt gut zu Mittag essen kann. Auch kulturell bietet die Straße Höhepunkte (Foto: St. Justina in Assling). In der Kirche St. Korbinian in Thal sind etwa spätgotische Meisteraltäre zu bewundern – den Schlüssel erhält man bei der Mesnerin.

INFORMATION
Erlebniswelt/Wildpark Assling, A-9911 Oberassling, Tel. 0 48 55/ 2 04 74, Mai–Okt. tgl. 9.00–19.00 Uhr, www.erlebniswelt-assling.at

»Der Großglockner erinnert ein wenig an den Mount Everest, stünden da nicht im Vordergrund Almhütten und Wegkreuze.«

SEHENSWERT
Schloss Heinfels thront über dem Eingang ins Villgratental. Die 1243 erstmals erwähnte Wehranlage ist nur von außen zu besichtigen.

AKTIVITÄTEN
Der **Karnische Höhenweg** (Weg 403) ist einer der schönsten Weitwanderwege Österreichs. Entlang dem Hauptkamm der Karnischen Alpen wandert man 155 km nach Kärnten. 366 km ist der populäre **Drauradweg** lang; die Route (R1) beginnt in Italien, führt nach Osttirol, Kärnten und schließlich nach Slowenien.

HOTEL UND RESTAURANT
Der **€ € € Strasserwirt** ist die beste Adresse im Pustertal (Dorfstraße 28, A-9920 Strassen, Tel. 0 48 46 / 63 54, www.strasserwirt.com). Köstliche Schokolade erzeugt die **Konditorei Pichler** (Sillian 6, Tel 0 48 42 / 62 55). Edel wohnt man in Villgraten im **€ € € € Gannerhof** (A-9932 Innervillgraten 93, Tel. 0 48 43 / 52 40, www.gannerhof.at), rustikal auf der **€ Oberstaller Alm** (Ortsinfo Innervillgraten, Tel. 0 50 / 21 23 40).

UMGEBUNG
Das **Villgratental** ist eines der letzten weitgehend unberührten Hochtäler Tirols. Besonders Innervillgraten (1000 Einw.) ist um ein authentisches Angebot bemüht. Stolz der bergbäuerlichen Kulturlandschaft sind die alten Höfe in extremer Hanglage. Das hoch über der Gail errichtete **Obertilliach** (20 km südöstl.) ist mit seinen uralten Bauernhöfen das Schmuckstück des Tiroler Gailtals (bzw. Lesachtals) und diente 2015 als Drehort für den James Bond-Film „Spectre". Obertilliach sollte man nicht ohne Stärkung an der prachtvollen Schank des **€ € Gasthofs Unterwöger** verlassen.

INFORMATION
Ferienregion Hochpustertal, Sillian 86, A-9920 Sillian, Tel. 0 50 / 21 23 00, www.hochpustertal.com

6 St. Jakob

Das Defereggental mit dem Hauptort St. Jakob bietet wunderbare Wandermöglichkeiten. Ein schmales Asphaltband windet sich vom seit dem 11. Jh. besiedelten Tal (1000 Einw.) über den Staller Sattel ins Südtiroler Antholzertal (nur im Sommer geöffnet).

AKTIVITÄTEN
Lohnend sind der Natur- und Kulturlehrweg **Oberhauser Zirbenwald** und die Tour ins einsame Trojeralmtal. Die Seilbahn von St. Jakob verkürzt so manche Wanderung. Ihre Erwähnung 1212 macht die **Jagdhausalm** im Arvental (Schwarzach) zur ältesten Österreichs; das Almdorf erinnert an ein Abruzzen-Bergdorf.

INFORMATION
Urlaubsregion Defereggental, Unterrotte 44, A-9963 St. Jakob, Tel. 0 50 / 21 26 00, www.defereggental.org

Genießen Erleben Erfahren

DuMont Aktiv

Mit (mehr als) 2 PS ins Innergschlöss

Malerische Almdörfer und mächtige Gletscher: Einer der schönsten Talschlüsse der Ostalpen ist mit einem Kutschenservice erschlossen.

Am Matreier Tauernhaus, einer uralten Raststation am Südfuß des Felber Tauern, steht Mario Steiner mit der von zwei Noriker-Pferden gezogenen Kutsche schon bereit. Tüchtig legen sich Max und Sophie ins Zeug und lassen auf dem steilen Anstieg hinauf zum Hochtal alle Wanderer hinter sich. Kein Wunder, bekommen sie doch Unterstützung von einem Elektromotor, der ihnen die Zugarbeit erleichtert und dem Gefährt beinahe Flügel verleiht!

Im Almdorf Außergschlöss gibt das Tal den berühmten Blick auf das Schlatenkees frei, das vom mächtigen Venedigermassiv umrahmt und gespeist wird. Der Kontrast zwischen glitzernden Eispanzern, bunten Almwiesen und sonnengebräunten Almhütten verleiht dem Gschlösstal seinen einzigartigen Charme – schon der Baedeker aus dem Jahr 1878 fühlte sich bemüßigt, die Tour als eine der besten der Ostalpen zu loben.

Ein Stopp bei der tief in den Stein gehauenen Felsenkapelle, dann traben die Rösser ihrem Ziel Innergschlöss entgegen. Sie wissen, dass ihnen im zweiten malerischen Almdorf eine verdiente Pause winkt. Und manche Passagiere nutzen die Energie, die sie beim Anstieg gespart haben, um am Gletscherweg Innergschlöss einige Wunder dieser Landschaft aus der Nähe zu betrachten.

Weitere Informationen

Ausgangspunkt für die Kutschenfahrt ist das Matreier Tauernhaus, etwa 16 km nördlich von Matrei gelegen. Juni – Sept., einfach 7 €, Kinder 4 €, Reservierung empfiehlt sich unter: Tel. 06 64 / 9 31 95 12

Im **Matreier Tauernhaus** und auch im **Alpengasthof Venedigerhaus** verwöhnt man den müden Wanderer mit einer bodenständigen Küche. *www.matreier-tauernhaus.com, www.venedigerhaus-innergschloess.at*

Die bunteste und für viele schönste Wanderjahreszeit im Innergschlöss ist der Herbst.

Von der Alm auf den Tisch: Aus der Milch der Bergziegen werden würzige Leckereien kreiert.

Service

Keine Reise ohne Planung. Auf den folgenden Seiten haben wir für Sie Wissenswertes und wichtige Informationen für Ihren Tirolurlaub zusammengestellt.

Anreise

Auto: Für die meisten Besucher aus Deutschland ist die Autobahn von München nach Kufstein (A 8 / A 93 bzw. in Tirol A12) die schnellste Route nach Tirol. (Achtung: Der lange Zeit kostenfrei zu befahrende Autobahnabschnitt Kiefersfelden-Kufstein-Süd ist seit Dezember 2013 ebenfalls mautpflichtig!) Weitere Verbindungen führen über den Achenpass, den Übergang Mittenwald–Scharnitz und von Füssen nach Tirol. Der kürzeste Anreiseweg nach Osttirol führt von Kufstein über Kitzbühel und den Pinzgau durch den Felbertauern-Tunnel.
Bahn: Mit seiner zentralen Inntal-Achse ist Tirol gut ans deutsche Bahnnetz angeschlossen. Die Hauptrouten führen nach Innsbruck, von dort über den Brenner nach Italien bzw. durch das Obere Inntal nach Vorarlberg und in die Schweiz. Gute Verbindungen bestehen auch über Salzburg und durch das Brixental (Kitzbühel, St. Johann). Seefeld und Reutte sind ab Innsbruck oder München auf der Schiene erreichbar, Lienz in Osttirol via Kärnten; eine weitere Trasse führt nach Südtirol (Brixen).
Mit den **Autoreisezügen der Österreichischen Bundesbahnen** (ÖBB) gelangt man bequem über Nacht von Hamburg und Düsseldorf nach Innsbruck. Von der Alster aus verkehren die Huckepackzüge für Auto und Motorrad täglich. Von Düsseldorf aus starten die Züge jeden Mittwoch-, Freitag- und Sonntagabend nach Innsbruck, wo sie tags darauf um ca. 9 Uhr früh eintreffen.
Bus: Täler wie das Ötztal, das Paznauntal und das Pitztal sind per Bus gut erreichbar. Osttirol hinkt im öffentlichen Verkehr etwas nach. Viele Tourismusverbände lassen in ihrer Region im Sommer Gratisbusse verkehren.
Flugzeug: Innsbruck-Kranebitten (Bustransfer zur Innenstadt) ist der einzige internationale Flughafen Tirols. Die besten Direktflugverbindungen bietet der Flughafen Frankfurt (Linie, Sommer und Winter). In der Wintersaison wird Innsbruck auch von Hamburg, Düsseldorf und Berlin aus angeflogen. Alternative: Die Flughäfen München und Salzburg liegen von Tirol nicht allzuweit entfernt und sind mit den großen Tourismusregionen (etwa Kufstein/Kitzbühel) durch Shuttlebusse verbunden.

Ärztliche Hilfe

Deutsche Staatsbürger benötigen bei einer Behandlung in Österreich die **Europäische Krankenversichertenkarte** (EHIC) bzw. einen Auslandskrankenschein (bei der eigenen Krankenkasse erhältlich). Dennoch kann es vorkommen, dass der Leistungsträger auf Barzahlung besteht (u. a. Skiunfall). Deshalb ist ein **Auslands-Krankenversicherungsschutz** mit Rückholversicherung zu empfehlen.

Auskunft

Beste Anlaufstelle für Auskünfte aller Art ist die **Tirol Info** (Tirol Werbung GmbH), Maria-Theresien-Straße 55, A-6010 Innsbruck, Tel. 00 43 / (0)5 12 / 7 27 20. Unter www. tirol.at kann man sich über Urlaubsangebote und Veranstaltungen informieren, den Urlaub online buchen. Die **Österreich Werbung** (Urlaubsservice der Österreich Werbung) bietet ebenfalls gute Infos: Postfach 83, A-1043 Wien, Tel. 00 800 / 400 200 00 (kostenfrei aus DE, AT, CH), www. austria.info.

Apps: Smartphone-Besitzer können von einigen Apps profitieren, die von der Tirol Werbung angeboten werden – von Ausflugszielen über Kletterparadiese bis zur Notfall App der Bergrettung. Weitere Infos unter www.tirol.at/apps. Auch Innsbruck bietet interessante Apps, etwa über Feriendörfer (www.innsbruck.info).

Autofahren

Die Benutzung der **Autobahnen** ist kostenpflichtig. Jahres-, Zweimonats- und Zehn-Tages-Vignetten sind bei den deutschen Automobilclubs sowie an Tankstellen und Postämtern im Grenzbereich erhältlich. Ab 2018 gibt es zu den gleichen Preisen auch eine digitale Vignette - im Webshop unter www.asfinag.at. Es gilt eine **Warnwestenpflicht**, von der Motorrad- und Radfahrer ausgenommen sind. **Telefonieren** am Steuer ist nur mit einer Freisprecheinrichtung erlaubt. Die Blutalkoholgrenze liegt bei **0,5 Promille**. Auf Autobahnen und Schnellstraßen ist seit 2012 bei stockendem Verkehr das Freihalten einer **Rettungsgasse** zwischen den Fahrstreifen Pflicht. **Pannendienste** (ohne Vorwahl): ÖAMTC Tel. 120, ARBÖ Tel. 123.
Für **Motorradfahrer** ist Tirol ein Paradies. Panoramaträchtig – nicht nur für Biker – sind die Pustertaler Höhenstraße, die Silvretta-Hochalpenstraße, die Timmelsjoch-Straße, die Hahntennjoch-Straße, die Zillertaler Höhenstraße sowie die Verbindungen zu den Speicherseen im tiefsten Zillertal und im Kaunertal.

In Tirol kann man vorzüglich essen – aber auch beim Schnapsbrennen kennt man sich aus!

Barrierefrei

Rolli-Wanderrouten mit Streckenprofil, Ausflugsziele, barrierefrei zu erreichende Panoramapunkte und Unterkünfte – all das ist auf der Webseite www.tirol.at/barrierefrei übersichtlich dokumentiert. Alle Empfehlungen sind von Rollstuhlfahrern getestet, auch Paragleiten oder Fallschirmspringen im Tandem.

Botschaften und Konsulate

Botschaft der Bundesrepublik Deutschland in Wien, Gauermanngasse 2–4, A-1010 Wien, Tel. 01 / 71 15 40, www.wien.diplo.de.

Honorarkonsul der Bundesrepublik Deutschland, Bozner Platz 4 , Palais Hauser, A-6020 Innsbruck, Tel. 05 12 / 57 01 99, innsbruck@hk-diplo.de.

Schweizerische Botschaft, Prinz Eugen-Straße 9a, A-1030 Wien, Tel. 01 / 7 95 05.

Essen und Trinken

Die Tiroler Küche ist bäuerlich geprägt. **Tiroler Speckknödel** und **Tiroler Gröstl** (geröstete Kartoffelscheiben mit Zwiebeln und Schweine- bzw. Kalbfleisch) sind zwei deftige Klassiker. Tirolerisch sind auch **Schlutzkrapfen** in vielen Variationen. Manche sind mit Graukäse gefüllt, andere mit Fleisch oder Spinat und Quark. Die Osttiroler Variante heißt Schlipfkrapfen und besitzt eine würzige Kartoffelfülle. **Speck** und geräucherte **Hartwürste** sind die Grundpfeiler einer deftigen **Brettljause**. Nur auf wenigen Höfen wird im Herbst noch geschlachtet und Tiroler Bauernspeck selbst hergestellt. Wer Speck von naturnah aufgewachsenen Schweinen kosten will, sollte auf die Bezeichnung „Tiroler Hofschwein" bzw. „Almschwein" achten (Infos unter www.amtirol.at).

Tirol hat hervorragenden **Käse** zu bieten. Eine Spezialität ist der Graukäse, ein magerer Sauermilchkäse. Diverse Alm- und Heumilchkäsesorten (u. a. Alpbach- und Zillertal) bilden das qualitative Rückgrat der Käseproduktion Tirols. **Lammspezialitäten** haben erst seit Kurzem ihren Platz in Tirols Küche, obwohl die Schafzucht – der Wolle wegen – in vielen Gegenden Tradition hat. Maßgeblichen Anteil an der neuen Wertschätzung haben einige Pioniere im Osttiroler Villgratental, die das einstige Arme-Leute-Essen zum Leckerbissen verfeinerten und dem Schaf auch sonst ganz neue Seiten abgewannen. Unbedingt versuchen sollte man Gerichte mit **Steinpilzen** oder **Eierschwammerln** (Pfifferlingen). **Reh, Hirsch** und **Gams** kommen vor allem im Herbst auf den Tisch. Vieles was sich auf einer durchschnittlichen Speisekarte findet, ist eher Wiener Küche – so das Wiener Schnitzel, vom Schwein oder vom Kalb. Weit verbreitete Süßspeisen sind

Info

Geschichte

1000 v. Chr.: Spuren menschlicher Besiedelung im Innsbrucker Becken. Pässe und Joche wurden schon vor 9000 Jahren im Nord-Süd-Verkehr begangen.
15. v. Chr.: Rom erobert das zentrale Alpengebiet.
45 n. Chr.: Bau der Via Claudia Augusta über Reschen- und Fernpass bis an die Donau.
6. Jh.: Bajuwaren besiedeln das Inntal. Bis 1027 ist Tirol Teil des Herzogtums Baiern.
12./13. Jh.: Die Grafen von Tirol setzen sich gegen konkurrierende Adelsfamilien und Bischöfe durch und gründen, ausgehend von Schloss Tirol bei Meran, die Grafschaft Tirol.
Um 1200: Innsbruck erhält Stadtrecht.
13. Jh.: Reiche Salzfunde im Halltal.
1273: Unter Graf Meinhard II. von Tirol-Görz bildet Tirol erstmals eine territoriale Einheit.
1363: Landesfürstin Margarethe „Maultasch" übergibt die Grafschaft Tirol an die Habsburger.
Um 1500: Kaiser Maximilian I. macht Innsbruck zu einem Zentrum europäischer Politik. Bau des Goldenen Dachls. Kufstein und andere Teile des Unterlandes kommen von Bayern zu Tirol. Silber macht Tirol reich.
1800: Erstbesteigung des Großglockners.
1809: Tiroler Freiheitskämpfer unter Andreas Hofer erheben sich gegen Franzosen und Bayern (Besatzung seit 1805). Niederlage in der 4. Bergisel-Schlacht. Hofer wird 1810 in Mantua hingerichtet. Nach Ende der Herrschaft Napoleons kehrt Tirol zu Österreich zurück.
1858: Anschluss Innsbrucks an das Eisenbahnnetz. Tirol wird Tourismusziel.
1869: Der Ötztaler „Gletscherpfarrer" Franz Senn wird als Mitgründer des Deutschen Alpenvereins ein Pionier des Alpintourismus.
1884: Eröffnung der Arlberg-Bahn. Am Arlberg und in Kitzbühel entsteht um 1900 der Wintertourismus.
1919: Südtirol fällt als Folge des Ersten Weltkriegs an Italien. Osttirol ist ohne direkte territoriale Verbindung zu Nordtirol.
1938–1945: Während der Nazi-Herrschaft ist Österreich und damit Tirol Teil des Deutschen Reiches. Dann zehn Jahre alliierte Besatzung.
1953: Der Innsbrucker Bergsteiger Hermann Buhl steht als Erster auf dem Nanga Parbat.
1963: Bau der Europabrücke und Baubeginn der Brennerautobahn. Tirol wird Österreichs wichtigste Tourismusregion.
1964: Olympische Winterspiele in Innsbruck.
1967: Eröffnung des Felbertauern-Tunnels und damit der einzigen Straßenverbindung Osttirols Richtung Norden.
1972: Nach jahrzehntelanger Säumigkeit Italiens erhält Südtirol weitgehende Autonomierechte.
1976: Innsbruck ist erneut Austragungsort Olympischer Winterspiele.
1978: Eröffnung des Arlberg-Straßentunnels.
1989: Die konservative ÖVP verliert erstmals bei Landtagswahlen die absolute Mehrheit, bleibt aber bestimmende Kraft.
1991: In den Ötztaler Alpen wird eine 5300 Jahre alte Eismumie gefunden: der „Ötzi".
1995: Österreich tritt der Europäischen Union bei. Der Transitverkehr durch Tirol entwickelt sich explosionsartig.
1998: Die Grenzkontrollen am Brenner entfallen, ein symbolisch wichtiger Akt für Nord- und Südtirol. 2006 erfolgt der Spatenstich für den österr.-ital. Brennerbasistunnel.
1999: Bei der Lawinenkatastrophe von Galtür kommen 31 Menschen ums Leben.
2000: Der Tiroler Gerry Friedle alias DJ Ötzi stürmt mit „Anton aus Tirol" die Hitparaden.
2002–2010: Innsbruck erhält mit der Bergisel-Schanze, dem Rathaus, der Hungerburgbahn und dem neuen Kaufhaus Tyrol moderne architektonische Wahrzeichen.
2009: 200. Jahrestag des Tiroler Freiheitskampfes unter Andreas Hofer. Tod der Kitzbüheler Skilegende Toni Sailer, dreifacher Olympiasieger von 1956.
2010: „Ötzis" Erbgut wird entschlüsselt.
2013: Der Tiroler Gregor Schlierenzauer wird erfolgreichster Skispringer aller Zeiten. Die konservative ÖVP und die Grünen koalieren erstmals auf Landesebene.
2014: Gedenken an 100 Jahre Erster Weltkrieg und Verlust Südtirols (1919).
2015: EM in der Kletterdisziplin Bouldern in der Innsbrucker Innenstadt.
2018: Tirol ist Austragungsort der Straßenrad-WM.

Radwandern auf dem Inntal-Radweg – und den Blütenzauber der Natur entdecken

Zwischen Norden und Süden: Europabrücke

Info

Daten und Fakten

Geografie: Tirol ist mit 12 648 km² das drittgrößte der neun Bundesländer Österreichs. Große Teile sind bewaldet (37 %) oder Berggebiete (27 %). Nur ca. ein Achtel der Fläche ist als Dauersiedlungsraum geeignet. Etwa 25 % der Fläche stehen unter Naturschutz. Geografisch unterscheidet man Unterland (östl. Innsbruck), Oberland (westl. Innsbruck ohne Außerfern), Außerfern und Osttirol. Der Bezirk Osttirol ist durch den salzburgischen Pinzgau vom übrigen Tirol getrennt.
Bestimmende Elemente sind der Zug der Zentralalpen im Süden, der Inn in der Mitte Tirols und die Ketten der nördlichen Kalkalpen. Der Inn durchquert das Bundesland auf 212,5 km (Gesamtlänge 518,5 km) vom Südwesten bis Nordosten.
Die Ötztaler Alpen zählen zu den am stärksten vergletscherten Regionen der Ostalpen. Der Gepatschferner am Ende des Kaunertals ist nach der Pasterze Österreichs zweitgrößter Gletscher. Höchster Berg Nordtirols ist die Wildspitze (3768 m) in den Ötztaler Alpen, höchster Berg ganz Tirols der Großglockner (3798 m) zwischen Osttirol und Kärnten. Viele Landschaftsformen gehen auf die Eiszeit zurück, darunter Trogtäler und Seen. Größter See Tirols ist der Achensee (6,8 km²).
Klima: In Nordtirol herrschen westliche Großwetterlagen vor. Eine Besonderheit ist der (Süd-)Föhn, der die Temperaturen im Inntal um bis zu 20 °C hochjagt. Osttirol bezieht seine Wettereinflüsse auch aus dem mediterranen Raum und ist daher sonniger.
Verwaltung: Innsbruck, die Landeshauptstadt, ist mit etwa 126 000 Einw. die fünftgrößte Stadt Österreichs. Mit 746 000 Einw., davon 12,4 % Ausländer, steht Tirol bevölkerungsmäßig an fünfter Stelle der österreichischen Bundesländer. Die Bevölkerungsdichte beträgt 59 Einw./km² (Österreich insgesamt 103 Einw./km²). In den Bezirken Kitzbühel und Kufstein hört man salzburgisch-bayerische Sprachelemente, im Außerfern alemannische, und in Osttirol erinnert der Dialekt an Südtirol. 64 % der Tiroler bezeichneten sich 2004 in einer Umfrage als praktizierende Katholiken. Die Landeshymne ist das Andreas-Hofer-Lied. Das Landeswappen mit goldgekröntem rotem Adler geht auf die Grafen von Tirol zurück, die Landesfarben sind Weiß-Rot.
Wirtschaft: Tirol ist Österreichs tourismusstärkste Region. Im Tourismusjahr 2015/16 wurden 47,6 Mio. Übernachtungen verzeichnet, das sind 35 % aller Übernachtungen in Österreich. Über 50 % gehen auf das Konto deutscher Gäste. Der Anteil des Tourismus am Tiroler Bruttoinlandsprodukt (BIP) betrug 2016 geschätzte 17,5 % und lag damit weit über dem Österreich-Durchschnitt. Land- und Forstwirtschaft machen rund 14 % der Wirtschaftsleistung aus; die Industrie trägt etwa 45 % dazu bei. Die Arbeitslosigkeit von 5,8 % (2017) lag unter dem österreichischen Durchschnitt (8,9 %). In puncto Kaufkraft (je Einw.) liegt Tirol im unteren Drittel der österreichischen Bundesländer, laut GfK-Studie „Österreich 2017" sogar an letzter Stelle.

Krapfen, in heißem Fett knusprig herausgebackene Teigtaschen aus Germteig (Hefeteig) mit süßer Füllung wie Dörrobst, Mohnmischung und Preiselbeeren (pikante Version: z. B. Kartoffel-Quark-Käse). Die Füllungen variieren regional. Das ist nicht anders bei den **Kiachl**, herausgebackenen Teigringen (Hefeteig) mit einem dünnen Häutchen in der Mitte. In der Mulde wird z. B. Preiselbeermarmelade platziert (pikante Version: Sauerkraut). In Osttirol beheimatet sind **Strauben**, ein spiralförmiges Spritzgebäck, goldgelb gebacken und mit Staubzucker bestreut oder in Zimtzucker gewälzt. **Kletzenbrot**, ein süßes, dunkles Früchtebrot mit eingebackenem Dörrobst (Birnen = Kletzen), ist um Weihnachten beliebt. Wer unverfälschte Tiroler Küche genießen will, achte auf das Logo der **Tiroler Wirtshäuser**. Das grüne Schild mit den drei Blättern, mit dem sich zur Zeit 124 Anbieter schmücken, steht für eine gute Auswahl typischer Tiroler Gerichte, die Verwendung guter Produkte und für authentische Atmosphäre. Zeitgeist hat hier eher Lokalverbot (www.tiroler-wirtshaus.at).
Nordtirol ist mehr Bier- als Weinland, obwohl aufgrund des Klimawandels seit einigen Jahren – in geringen Mengen – wieder Weißwein angebaut wird. In guten Gasthäusern findet man immer eine repräsentative Auswahl an Südtiroler und österreichischen Weinen.
Beim **Schnapsbrennen** kennt man sich aus in Tirol, die Kaffeekultur ist dagegen nicht flächendeckend verbreitet. Einen anständigen Espresso oder Cappuccino findet man eher in gehobenen Hotels und Konditoreien. In Innsbruck ist die Dichte an superben Cafés jedoch hoch.
Empfehlungen: Auf den Infoseiten der einzelnen Kapitel werden einige Restaurants und Gasthöfe empfohlen.

Preiskategorien

€€€€	Hauptgericht	über 36	€
€€€	Hauptgericht	18–36	€
€€	Hauptgericht	9–18	€
€	Hauptgericht	unter 9	€

Feiertage

Die meisten Feiertage in Österreich entsprechen denen in Süddeutschland: 1. Jan. (Neujahr), 6. Jan. (Heilige Drei Könige), Ostermontag, 1. Mai, Christi Himmelfahrt, Pfingstmontag, Fronleichnam, 15. Aug. (Mariä Himmelfahrt), 26. Okt. (Nationalfeiertag), 1. Nov. (Allerheiligen), 8. Dez. (Mariä Empfängnis), 25. Dez. (Weihnachten), 26. Dez. (Stefanitag).

Notruf

Euro-Notruf: 112 (Rufnummer einer Leitstelle, die je nach Notfall Polizei, Rettungsdienst oder Feuerwehr alarmiert.

Feuerwehr: 122
Polizei: 133
Rettungsdienst: 144, **Bergrettung:** 140
ÖAMTC: 120 (Österreichischer Automobil-, Motorrad- und Touring Club)
ARBÖ: 123 (Auto-, Motor- und Radfahrerbund Österreichs)

Öffnungszeiten

Supermärkte haben in der Woche meist von 8.00–19.00 Uhr geöffnet, Sa. schließen sie um 17.00 Uhr. So. öffnen die Lebensmittelgeschäfte nur in großen Tourismusgemeinden. In kleineren Orten können die Öffnungszeiten kürzer sein. **Postämter** halten ihre Schalter in der Regel Mo.–Fr. 8.00–12.00 und 14.00–18.00 Uhr geöffnet (mitunter auch durchgehend). Die Öffnungszeiten der sogenannten Post-Partner in kleineren Orten können beträchtlich abweichen (teils auch Sa. geöffnet). **Banken** haben in der Regel von 8.00–16.00 Uhr offen, in kleineren Orten öfter mit Mittagspause. Die Selbstbedienungsausstattung hat zugenommen (teilweise rund um die Uhr).
Viele **Museen** auf dem Land – und auch in Städten – sind nur von April/Mai bis längstens Ende Okt. zugänglich und oft Mo. geschlossen.

Pilgern

Seine Lage im Zentrum der Alpen hat Tirol stets viele Pilger beschert. Wieder populär wird der weit verzweigte Jakobsweg nach Santiago de Compostela in Spanien. Wer den Jakobsweg in Tirol gehen will, findet Routenbeschreibungen und Informationen über Unterkünfte auf der Internetseite www.jakobsweg-tirol.net. Die Route ist seit einiger Zeit ganz exzellent ausgewiesen und verfügt mit dem Jakobskreuz im Pillerseetal (siehe Unsere Favoriten S. 18) auch über ein weithin sichtbares „Aushängeschild".

Rauchen

Unfreiwillig eingequalmt werden gehört auch in Tirols Gasthäusern der Vergangenheit an. Seit 1. Juli 2010 ist der Tabakkonsum im Hauptraum aller Lokale mit über 50 m² untersagt. Das gilt von Bars über Restaurants und Kaffeehäuser bis zu Discos. In einem abgetrennten Raum bleibt das Rauchen gestattet. Lokale mit einer „Verabreichungsfläche" unter 50 m² müssen sich als Raucher- oder Nichtraucherlokale deklarieren. Ab Mai 2018 soll Österreichs Gastronomie generell rauchfrei sein.

Sport

Baden: Mit rund 30 Badeseen wird man in Tirol gut bedient. Besonders schön: Piburger See (Ötztal), Heiterwanger See (Außerfern), Hintersteiner See (am Wilden Kaiser) und Tristacher See (Osttirol). Darüber hinaus gibt es viele Erlebnisschwimmbäder.
Golf: 23 Golfplätze finden Freunde des Golfsports in Tirol (9–27 Loch). Zentren sind die Region um Kitzbühel und Innsbruck/Seefeld (www.tirol.at/golfen).
Klettern & Klettersteige: Wilder Kaiser, Karwendel, Stubaital und Ötztaler Alpen zählen zu den beliebtesten Zielen für Kletterer. Mit rund 100 Klettersteigen ist auch die Auswahl im Bereich der „Vie Ferrate" groß – darunter versteht man mit Eisenleitern und Stahlseilen gesicherte Kletterwege am natürlichen Felsen. Seit 2015 verfügt Mayrhofen im Zillertal über Tirols ersten maßgeschneiderten Kinderklettersteig. Beinahe in jedem Ort gibt es Bergführer- oder Kletterschulen für den sicheren Umgang mit Seil und Haken (www.bergfuehrer.at/tirol). Kletterhallen finden sich u. a. in Imst, Innsbruck, Mayrhofen, Fulpmes und Lienz.
Mountainbiken: Wo immer sich ein Hügel oder Berg erhebt, kann man ziemlich sicher sein, dass auch eine Mountainbike-Route ausgeschildert ist. Herausragend sind das Ötztal, die Silvretta-Bikearena um Ischgl und die Region Ehrwald und das Karwendelgebirge. Bike-Academies bieten Kurse, Ausrüstung und geführte Touren an. Adressen von Verleihfirmen und Tourentipps findet man unter www.tirol.at/mountainbiken. Extrembiker haben auf dem 1000 km langen Bike Trail Tirol ihren Spaß.
Elektrobiken: Gewinnt in Tirol immer mehr Anhänger. Die E-Bike-Hochburgen liegen um den Wilden Kaiser und um Kitzbühel, in der Region Serfaus und im Stubaital; Innsbruck und andere Regionen rüsten auf. Verleihstationen und Infos unter www. tirol.at/ebike.
Radwandern: Abseits stark befahrener Straßen verlaufen der Zillertal-Radweg, der Drau- und der Iselradweg (beide Osttirol) und natürlich der Inntal-Radweg. Letzterer zählt mit einer Gesamtlänge von über 500 km zu den längsten Radwanderwegen Europas (in Tirol 190 km) und punktet mit radlerfreundlichen Unterkünften und Überbrückungsmöglichkeiten per Bahn (www.tirol.at/innradweg). Vorbildlich stellt das Land Radwanderdaten ins Netz: https://www.tirol.gv.at/sport/radfahren.
Wandern: 24 000 km umfasst das Wegenetz in Tirol, eingeteilt in Wander- und Bergwege (rot oder schwarz). Wanderwege setzen weder Bergerfahrung noch eine bestimmte Ausrüstung voraus. Für einen roten Bergweg sind ausreichend Fitness und eine Mindestbergausrüstung Voraussetzung; eine Person in der Gruppe braucht ausreichend alpine Erfahrung. Bei den schwarzen Bergwegen kommt noch Trittsicherheit und Schwindelfreiheit aller Teilnehmer hinzu (umfangreiche Tipps zur Ausrüstung etc. unter www.tirol.at/wandern und www.alpine-auskunft.at).
Wer eine besondere Herausforderung sucht, kann auf dem Adlerweg (www.tirol.at/adlerweg), dem Jakobsweg oder der Via Alpina den Alpenbogen entlang (www.via-alpina.com) wochenlang quer durch Tirol unterwegs sein.
Wintersport: Nahezu jede Gemeinde hat ein eigenes Skigebiet oder Anschluss an eines, dazu Rodelbahnen, Eislaufplätze, Langlaufloipen und Winterwanderwege (Infos bei Tirol Info, s. Auskunft). Eine gute Informationsquelle bezüglich Wetter und Schneelage ist www.alpine-auskunft.at.
Tirol ist mit fünf Gletscherskigebieten (Tuxer Tal, Stubaital, Ötztal, Pitztal, Kaunertal) ein gutes Terrain für Wintersportler, die bereits im Herbst und noch weit im Frühjahr auf die Piste wollen. Mit einem einzigen Ticket („White5") hat man alle fünf auf einen Streich (www.tirolergletscher.com).

Telefon & Internet

Vorwahl nach Österreich: 0043. Danach die Ortsnetznummer ohne Null und die Teilnehmernummer wählen. Vorwahl nach **Deutschland:** 0049, Vorwahl in die **Schweiz:** 0041.
Internet bieten neben vielen Vermietern auch Fremdenverkehrsämter an. Die Kosten für SMS, Anrufe und Datennutzung sind längst nicht mehr so hoch wie vor einigen Jahren. Ein völliges Aus für Roaming-Gebühren innerhalb der EU soll 2018 kommen. In Innsbrucks Innen-

Der Ochsentaler Gletscher speist mit der jungen Ill den Silvretta-Stausee.

stadt kann man praktisch überall kostenlos im Internet surfen; auch viele Lokale und Beherbergungsbetriebe sowie größere Skigebiete (wie Sölden) bieten ein Gratis-Netz an. Telefonkarten für öffentliche Fernsprecher erhält man in Postämtern oder Trafiken. Das Mobilfunknetz in Tirol ist bis auf manche Bergregionen generell gut. Doch auch am Berg funktionieren im Regelfall die Notrufnummern.

Unterkunft

Almhütten: Der beste Weg zu einem ruhigen Refugium in der Höh' führt über die örtlichen Tourismusbüros. In Osttirol sind 120 Almhütten auch online buchbar! www.osttirol.com, Menüpunkt Hotels & Unterkünfte, dann unter dem Punkt „Almhütten" gustieren. Auch www.almhuette.cc hält Angebote bereit.
Bauernhof-Urlaub: Für Kinder kann so ein Urlaub zum unvergesslichen Erlebnis werden. „Urlaub am Bauernhof in Tirol" (Brixner Straße 1, A-6020 Innsbruck, Tel. 05 / 92 92 11 71, www.urlaubambauernhof.at/bundesverband/ tirol.html) hat Anbieter geprüft und kategorisiert.
Camping: Für die Sommersaison empfehlen sich auf den Tiroler Campingplätzen Buchungen im Voraus. Aktuell sind etwa 90 Plätze im Angebot. Beschreibungen unter www.tirol.at/camping und unter www.campingtirol.at/.

Info

Wetterdaten Innsbruck

	TAGES-TEMP. MAX.	NACHT-TEMP. MIN.	TAGE MIT NIEDER-SCHLAG	SONNEN-STUNDEN PRO TAG
Januar	2°	–5°	9	3
Februar	5°	–4°	8	4
März	11°	0°	8	5
April	15°	4°	10	6
Mai	20°	8°	11	6
Juni	23°	11°	14	6
Juli	25°	13°	13	7
August	24°	12°	13	7
September	21°	10°	9	6
Oktober	15°	5°	7	5
November	8°	1°	8	3
Dezember	2°	–4°	8	2

Jugendherbergen: Mit Internationalem Jugendherbergsausweis zugängliche Herbergen gibt es in Bruck am Ziller, Innsbruck, Jerzens, Karrösten, Kirchberg bei Kitzbühel und Obernberg. Jugendgästehäuser und weitere Herbergen in Höfen findet man bei Reutte, Innsbruck, Igls, Sillian, Stummerberg und Westendorf. Infos und Adressen: Österreichischer Jugendherbergsverband, Zelinkagasse 12, A-1010 Wien, Tel. 01 / 5 33 53 53, www.oejhv.at.
Wellness: Groß ist die Auswahl an erstklassigen Wellnesshotels. Fünf der besten: „Thermenhotel Aqua Dome" im Ötztal, „Posthotel" in Achenkirch am Achensee, „Jagdhof" im Stubaital, „A-Rosa" in Kitzbühel und „Wellnessresidenz Schalber" in Serfaus.
Empfehlungen: Auf den Infoseiten der einzelnen Kapitel sind ohne Anspruch auf Vollständigkeit einige Unterkünfte genannt. Für Almhütten gelten die Preise ohne Frühstück.

Preiskategorien

€€€€	Doppelzimmer	über 160 €
€€€	Doppelzimmer	110 – 160 €
€€	Doppelzimmer	60 – 110 €
€	Doppelzimmer	unter 60 €

Anzeige

Register

Fette Ziffern verweisen auf Abbildungen

Impressum

4. Auflage 2018
© DuMont Reiseverlag, Ostfildern

Verlag: DuMont Reiseverlag, Postfach 3151, 73751 Ostfildern, Tel. 0711 45 02-0, Fax 0711 45 02-3 43, www.dumontreise.de
Geschäftsführer: Dr. Thomas Brinkmann, Dr. Stephanie Mair-Huydts
Programmleitung: Birgit Borowski
Redaktion: Achim Bourmer
Text: Stefan Spath
Exklusiv-Fotografie: Udo Bernhart
Titelbild: LOOK-foto/Andreas Strauß
Zusätzliches Bildmaterial: Zusätzliches Bildmaterial: S. 4 r. o. Ötztal-Tourismus/Peter Mathis, S. 8/9, S. 12/13 und S. 14/15 LOOK-foto/Andreas Strauss, S. 18 l. Bildagentur Huber/Gräfenhain, S. 18 M. Stefan Spath, S. 18 r. Bildagentur Huber/S. Raccanello, S. 19 o. mauritius images/P. Widmann, S. 19 u. l. iStockphoto/soulcld, S. 19 u. r. laif/Iris Kuerschner, S. 24 u. Bildagentur Huber/R. Schmid, S. 30 Ötztal-Tourismus/G.E., S. 31 Ötztal-Tourismus/Peter Mathis, S. 32 Ötztal-Tourismus/Foto Nösig, S. 33 LOOK-foto/Andreas Strauss, S. 35 r. mauritius images/imagebroker/Norbert Eisele-Hein, S. 37 M. iStockphoto/Laborer, S. 53 o. Getty Images/mladn61, S. 53 u. LOOK-foto/Wolfgang Ehn, S. 54/55 Bildagentur Huber/Riccardo Spila, S. 65 r. o. Bildagentur Huber/R. Schmid, S. 67 M. Tirol Werbung/Norbert Freudenthaler, S. 68/69 LOOK-foto/Jan Greune, S. 77 LOOK-foto/Jan Greune, S. 78 l. laif/Marcus Hoehn, S. 78 r. Stefan Spath, S. 79 o. laif/hemis.fr/René Mattes, S. 79 M. iStockphoto/soulcld, S. 79 u. mauritius images/imagebroker/Gerhard Zwerger-Schoner, S. 82 r. u. LOOK-foto/Andreas Strauss, S. 83 o. iStockphoto/ajafoto, S. 83 u. Bildagentur Huber/Bernhart, S. 92 u. mauritius images/Bernd Ritschel, S. 94–96 www.area47.at/Rudi Wyhlidal, S. 97 www.area47.at/Florian Wagner, S. 99 r. o. LOOK-foto/Norbert Eisele-Hein, S. 99 r. u. und S. 100 r. mauritius images/Ludwig Mallaun, S. 106 u. r. Udo Bernhart, S. 110 Stefan Spath, S. 111 l. o. mauritius images/imagebroker/Bahnmueller, S. 111 l. u. und r. Stefan Spath, S. 113 M. o. vario images/Chromorange, S. 113 r. u. mauritius images/Gerhard Wild, S. 114 M. LOOK-foto/Andreas Strauss, S. 115 Bildagentur Huber/Johanna Huber
Grafische Konzeption, Art Direktion, Layout: fpm factor product münchen
Cover Gestaltung: Neue Gestaltung, Berlin
Kartografie: © MAIRDUMONT GmbH & Co. KG, Ostfildern
Kartografie Lawall (Karten für „Unsere Favoriten")
DuMont Bildarchiv: Marco-Polo-Straße 1, 73760 Ostfildern,
Tel. 0711 45 02-2 66, Fax 0711 45 02-10 06, bildarchiv@mairdumont.com

Für die Richtigkeit der in diesem DuMont Bildatlas angegebenen Daten – Adressen, Öffnungszeiten, Telefonnummern usw. – kann der Verlag keine Garantie übernehmen. Nachdruck, auch auszugsweise, nur mit vorheriger Genehmigung des Verlages. Erscheinungsweise: monatlich.

Anzeigenvermarktung: MAIRDUMONT MEDIA,
Tel. 0711 450 20, Fax 0711 45 02 10 12,
media@mairdumont.com, http://media.mairdumont.com
Vertrieb Zeitschriftenhandel: PARTNER Medienservices GmbH, Postfach 810420, 70521 Stuttgart,
Tel. 0711 72 52-212, Fax 0711 72 52-320
Vertrieb Abonnement: Leserservice DuMont Bildatlas, Zenit Pressevertrieb GmbH, Postfach 810640, 70523 Stuttgart,
Tel. 0711/7252-265, Fax 0711/7252-333,
dumontreise@zenit-presse.de
Vertrieb Buchhandel und Einzelhefte:
MAIRDUMONT GmbH & Co. KG, Marco-Polo-Straße 1, 73760 Ostfildern, Tel. 0711 45 02 0, Fax 0711 45 02 340
Reproduktionen: PPP Pre Print Partner GmbH & Co. KG, Köln
Druck und buchbinderische Verarbeitung:
NEEF + STUMME premium printing GmbH & Co. KG, Wittingen,
Printed in Germany

FSC®
www.fsc.org
MIX
Papier aus verantwortungsvollen Quellen
FSC® C001857

Lieferbare Ausgaben

Die Kanaren sind vom Klima begünstigt – beste Voraussetzung für herrliche Strandtage.

Hamburgs Herz pocht an Elbe und Alster.

Hamburg

Deutschlands Tor zur Welt
Der Hafen ist das Aushängeschild der Hansestadt, aber Hamburg hat natürlich noch weit mehr zu bieten, wir präsentieren alle Highlights.

Urbane Visionen
Aus alten Hafenvierteln werden trendige Stadtteile. Erleben Sie das „neue" Hamburg.

Shopping hanseatisch
Hamburger Trend-Labels und Traditionshäuser, hier kaufen Sie zwar nicht günstig, aber gut!

Teneriffa
La Palma · La Gomera · El Hierro

Paradiesische Inseln
Sie wissen noch nicht wohin? Wir stellen Ihnen die Westkanaren ausführlich in Bild und Wort vor.

Exklusiv wohnen
Warum sich nicht mal etwas Besonderes gönnen, die besten Adressen auf Teneriffa und den kleinen Kanareninseln.

Wandern mit Aussicht
Unsere Favoriten – die neun erlebnisreichsten Wanderungen auf den westlichen Kanaren.

www.dumontreise.de

DEUTSCHLAND
119 Allgäu
092 Altmühltal
105 Bayerischer Wald
180 Berlin
162 Bodensee
175 Chiemgau, Berchtesgadener Land
013 Dresden, Sächsische Schweiz
152 Eifel, Aachen
157 Elbe und Weser, Bremen
168 Franken
020 Frankfurt, Rhein-Main
112 Freiburg, Basel, Colmar
028 Hamburg
026 Hannover zwischen Harz und Heide
042 Harz
023 Leipzig, Halle, Magdeburg
131 Lüneburger Heide, Wendland
188 Mecklenburgische Seen
038 Mecklenburg-Vorpommern
033 Mosel
190 München
047 Münsterland
015 Nordseeküste Schleswig-Holstein
006 Oberbayern
161 Odenwald, Heidelberg
035 Osnabrücker Land, Emsland
002 Ostfriesland, Oldenburger Land
164 Ostseeküste Mecklenburg-Vorpommern
154 Ostseeküste Schleswig-Holstein
136 Pfalz
040 Rhein zw. Köln und Mainz
185 Rhön
186 Rügen, Usedom, Hiddensee
137 Ruhrgebiet
149 Saarland
182 Sachsen
081 Sachsen-Anhalt
117 Sauerland, Siegerland
159 Schwarzwald Norden
045 Schwarzwald Süden
018 Spreewald, Lausitz
008 Stuttgart, Schwäbische Alb
141 Sylt, Amrum, Föhr
142 Teutoburger Wald
170 Thüringen
037 Weserbergland
173 Wiesbaden, Rheingau

BENELUX
156 Amsterdam
011 Flandern, Brüssel
179 Niederlande

FRANKREICH
177 Bretagne
021 Côte d'Azur
032 Elsass
009 Frankreich Süden Languedoc-Roussillon
019 Korsika
071 Normandie
001 Paris
115 Provence

GROSSBRITANNIEN/IRLAND
187 Irland
130 London
189 Schottland
030 Südengland

ITALIEN/MALTA/KROATIEN
181 Apulien, Kalabrien
017 Gardasee, Trentino
110 Golf von Neapel, Kampanien
163 Istrien, Kvarner Bucht
128 Italien, Norden
005 Kroatische Adriaküste
167 Malta
155 Oberitalienische Seen
158 Piemont, Turin
014 Rom
165 Sardinien
003 Sizilien
140 Südtirol
039 Toskana
091 Venedig, Venetien

GRIECHENLAND/ZYPERN/TÜRKEI
034 Istanbul
016 Kreta
176 Türkische Südküste, Antalya
148 Zypern

MITTEL- UND OSTEUROPA
104 Baltikum
094 Danzig, Ostsee, Masuren
169 Krakau, Breslau, Polen Süden
044 Prag
193 St. Petersburg

ÖSTERREICH/SCHWEIZ
004 Salzburger Land
192 Kärnten
139 Schweiz
144 Tirol
147 Wien

SPANIEN/PORTUGAL
043 Algarve
093 Andalusien
150 Barcelona
025 Gran Canaria, Fuerteventura, Lanzarote
172 Kanarische Inseln
124 Madeira
174 Mallorca
007 Spanien Norden, Jakobsweg
118 Teneriffa, La Palma, La Gomera , El Hierro

SKANDINAVIEN/NORDEUROPA
166 Dänemark
153 Hurtigruten
029 Island
099 Norwegen Norden
178 Norwegen Süden
151 Schweden Süden, Stockholm

LÄNDERÜBERGREIFENDE BÄNDE
123 Donau – Von der Quelle bis zur Mündung
112 Freiburg, Basel, Colmar

AUSSEREUROPÄISCHE ZIELE
183 Australien Osten, Sydney
109 Australien Süden, Westen
024 Dubai, Abu Dhabi, VAE
160 Florida
036 Indien
027 Israel, Palästina
111 Kalifornien
031 Kanada Osten
191 Kanada Westen
171 Kuba
022 Namibia
194 Neuseeland
041 New York
184 Sri Lanka
048 Südafrika
012 Thailand
046 Vietnam